笑いの効用

——人生をおもしろく健康にする
ユーモアつきあい術

橋元慶男

22世紀アート

〈はじめに〉

このストレス社会を逞しく生き抜く智恵はないものでしょうか。

人間は前頭葉が発達しているからストレスは避けられません。

しかし、ストレスは「人生のスパイス」と言ったセリエ博士の言葉通り、避けて通れないし、人生には必要なものなのです。

同じストレスにさらされても、人それぞれ受け止め方や生き方の智恵によって、衝撃には大差があります。ストレスの多くは人間関係に原因しています。

殺伐とした世の中、誰の人生にとっても、健康維持にとっても「笑顔とユーモア」は空気や水くらいなくてはならない大切なものです。

悩みや心配事はなくならなくとも「笑い」によって軽減、回避できます。

スタンフォード大学のジュニア博士は「怒りも恐怖も心配の感情は意識的な笑いで緩和される」と言っています。

笑いを意識する事で、気の重い人間関係も楽しい人付き合いに変わります。

人間関係の潤滑油は「笑い」にあることに気づいて欲しいのです。

あなたの周囲は、笑いのチャンスを心の中で求めている方々ばかりです。

子ども達の諸問題の背景に笑いによる癒しの機会が奪われていて「生きる力」が失われています。

ここで、「笑い上手は生き方上手」の効用を認識していただく為のノウハウを本書で紹介します。

平成二十年二月一日

目次

第一章　笑いと健康

一．健康の目安

あなたは、自分の心身の健康度を何を目安にしていますか。手軽な目安として、次の点を振り返って下さい。

1　ぐっすり眠れるか？
2　食事が美味しいか？
3　最近、笑えているか？
4　人の話がイライラしないで聞けるか？
5　感動があるか？
6　朝起きて、心身の疲れの回復の度合いは？

等です。不健康な人は、顔をみれば判ります。表情が固まっているのです。

グレビルは人間は笑う力を授けられた唯一の動物であると言っています。

ＩＱ（知能指数）で、ＥＱ（心の感情指数）ですが、私はＨＱ（humour quotient：ユーモア指数、笑能力）という造語を提唱しています。

それには、根拠があるのです。胎児は母親の胎内で八ケ月で笑うように、遺伝子に組み込まれています。

赤ちゃんは三〜四ケ月で笑い、七、八ケ月で子供から笑いを誘う。

この生まれながらの笑能力が、大人社会や学校や社会で潰されて、笑いやユーモアと無縁な大人になってしまうのです。生来、持っている素晴らしい能力を取り戻す意識改革が必要です。

私の提唱するＨＱを同僚の一人は「僕はＩＱは先生には負けるけど、ＨＱはかなり高い自信がある」と言い切ったのです。不審に思ったので、「どうしてですか？」と尋ねたら「ＨＱとは変態指数でしょう」と言われて呆れました。

日常生活を満足して生き生きと生きるためには、健康であることが欠かせない条件です。健康とは何かを考えてみると、先ずは疾病や障害のない状態と考えられますが、それだけでは不十分で、心身の相関関係から考えても、身体の健康は、精神の健康の充分条件ではありません。身体的に健康でも精神的に不健康な人もあり、また障害や疾病を持っている人でも精神的に健康な人は沢山います。

当然、心と体の結びつきからみて、身体的健康と精神的な健康の両方を兼ね備えている事が望ましいのは言うまでもありません。

ＷＨＯ（世界保健機構）の健康の定義は「健康とは、身体的、精神的及び社会的に完全に良好な状態であって、単に病気がないとか虚弱でないというだけではない」と規定されています。

つまり、健康を考えるのに社会的視点も含められています。

真の健康は、身体的、精神的、社会的に問題がないだけではなく、この三面が相互に関連し合い、働き合ってバランスを取り、人間に相応しい生活を送る事が出来て、はじめて可能となるのです。

ＷＨＯの最近の健康の定義には＋（プラス）スピリチュアルな健康の表現が加わりました。スピリッツは精神ですが、私流に解釈すると「魂を揺り動かす感動」の三感思考（日々の生活を感動・感喜・感謝で送る）を持つことです。

戸田正三教授、宮入慶之助教授の健康の定義は「体の存在を感じない状態」を指摘しています。

つまり、「身体的・精神的に問題のない状態」が健康を意味するのです。

頭が痛いとき頭の存在に気づき、膝が痛い時、歯が痛い時に人は膝や歯の存在に気づくものです。

つまり、人間は身体の存在を感じない時が健康なので、笑いのスタンバイの状態で感謝すべきです。

笑うと前頭葉が刺激され、免疫システムの間脳に伝わり、免疫活性ホルモンが分泌されて、ＮＫ細胞が活性化します。ＮＫ細胞は体内に五〇億個あるといわれ、一日平均三〇〇〇〜五〇〇〇個が発生するガン細胞を退治するナチュラルキラー細胞のことです。ガンも白髪や頭髪が薄くなる老化の一種で、このＮＫ細胞を活性化するのが「笑い」の活用なのです。笑いは「体内ジョギング」と言われ、フライ博士は「二〇秒大笑いをすると、三分間ボートのボート漕ぎに匹敵」する運動量であると指摘して、「体内ジョギング」と表現しました。

二．日本人のユーモア下手

欧米人の考えは、人間は本来自分が喋るのは好きでも、人の話を聞くのは苦手である。そのために、自分の話を人に聞いてもらうためには、聞いてもらう工夫・サービスとしてのユーモアが不可欠であると割り切って、学会などでも、ユーモアは必須条件です。

作家の田辺聖子さんは「人間に言葉があるのは、お互いにいい気分を分かち合うためにある」と言っています。会話を楽しむのに欠かせない要素は笑い・ユーモアです。

日本の若者のように他人のユーモアに「寒〜い」「親父ギャグ」などと軽蔑しないで、ゆとりとしてのユーモアサービスを一緒に笑いで反応して、ユーモアマインドを好意的に受け入れる寛容さが必要です。

日本人は左脳（言語脳・計算脳・口ぐせ）が発達しています。日本人には祈るという習慣がありません。幼少時の七五三は神社に連れられて行き、教会で結婚式を挙げ、親戚の不幸があるとお寺に出向く。

その場その場によって左右されます。しかし、欧米では日曜日の教会では、一時間、二時間、時には半日と長時間のお祈りを捧げる。右脳（イメージ）が必然的に発達するのです。日本の子供は九九の暗誦など小学低学年で完璧です。二×二＝四、二×三＝六……聞いたことありますか。アメリカ人が two two=four…

私達はタクシーに乗って、メーターが八五〇円で止まると、一〇〇〇円と五〇円を運転手に渡し、さっと二〇〇円の釣銭を頂きます。これを中国に行った時やったのです。八五元でタクシーが止まりましたので、一〇〇元と五元を運転手に渡したのです。すると運転手が両手に一〇〇元と五元を持って悩んでいるのです。すると、急に振り返ってメーターを指差して解らない言葉で言いました。

多分「見なさい、メーターは八五元で止まってるではないか。この一〇〇元で充分過ぎるんだ。この五元は何か？　あんたしっかりしなさいよ！」と言わんばかりの剣幕なのです。

最後は笑って「チップ？」何がチップだと叫びたかった苦い体験があります。

女性は「辛い顔、悲しい顔」の判別は九五％以上的中しますが、男性の場合は五〇％しか当らず、「怒り」と解釈して反応すると言われます。左右の脳の掛け橋（パイプ）が女性の場合は男性の二倍も太いのです。だから、待ち合わせをしても、男が遅れると女性は言葉にして独り言を呟くが、男性は舌打ちしたり、タバコを吹かしたり、足蹴りしたりして動作に移します。

男女の脳の違いは、胎児の成長過程で、男性ホルモン（アンドロゲン）のシャワーを「いつ」「どの位」浴びたかで決まります。妊娠十六週と生後半年間で、男性ホルモン分泌が活発で、左脳の発育を抑え、右脳を発達させ右脳優位となって、女性は左右同じ大きさですが、男性は右脳が大きいのです。従って女性は情報交換が早く、同時に多くのことができますが、男性の脳は専門化が進み一つのことを集中していると他の事が留守になってしまいます。側頭葉にある「ウェルニッケ言語中枢」（相手の話を理解するところ）の脳神経細胞の厚さも女性は厚く多くの話を聞く容量があり、同時に情報が入ってきますが、男性の脳は一度に多くの話を聞けない等の男女の脳の比較には、多くの機能の違いから、誤解を招き易いのです。

欧米人は相手に事実を伝えるための言葉（外語）を使う反面、日本人は話をした人の心を表す言葉（内語）を使うため、自律神経に反応して心の微妙なあやを伝えることができるので、大げさなジェスチャーやユーモアを活用するのが苦手でもあります。それだけに「口ぐせ」が日本人の場合は威力を発揮するので、良い口ぐせの威力を毎日の生活で活用することを心がけることが大切です。

三．心の風邪と言われるうつ病

過労による、脳・心臓疾患の労災認定の緩和で、うつ病も労災認定に加えられて、過去最多を記録しています。うつ病は過去には、個人の問題として片付けられていました。

「自分が弱いからだ、しっかりしろ」がうつ病への対応でしたが、各地の裁判所でもうつ病が個人問題に限定できない、個人の力だけでは回避できないので、周りの環境や組織の責任として、企業の健康配慮義務としてＣＳＲ（企業の社会的責任）が問われる時代となりました。

うつ病は二〇〇〇年には全疾病の第四位が、二〇二〇年には虚血性心疾患に次いで第二位になると推定されています。

うつ病のきっかけは、幼児期のつらい体験や、職場環境や社会の変化、心傷体験とストレスなど色々な要因が考えられます。

平成一六年の厚労省の調査では、ストレスが強い世代は男性では四五～五五歳が五〇％、女性は三五～四五歳が六〇％と多いのです。

うつ病は女性の方が、男性よりも二倍も多い理由は、女性にとっては、体の変化や妊娠、出産、育児等の、ストレスに起因する事が多すぎるのです。

うつ病になる人は、読者の皆さんと違って真面目過ぎる人が多いのです。

ですから、この様なタイトルの本に興味を持って読むことは無縁です。ひたすら、過ぎ去った過去に執着し、未確定な明日からの不安に怯えた思考パターンに嵌《はま》って多忙なのです。

西洋医学では「うつ」は脳の神経伝達物質のセロトニン、ノルアドレナリンの放出量が減少するので、抗うつ剤でコントロールするのが一般的ですが、東洋医学では「うつ」は身体の「冷え」の病気という位置付けです。

ですから、身体の余分なエネルギーを一般的には思考や行動に向ける訳ですが、うつ病の人はその余分なエネルギーを心配に向けるために、行動に移して汗を流すなどの切り替えが必要です。

うつ病の場合は、考えに耽《ふけ》っているようですが、実は前頭葉を使っていないので、創造的な閃きや深い思考とは無縁で、「悪魔の会話」のように意識の底部を使っているだけのために、身体的には疲労困憊して無気力になっています。抑うつ症の人は、叱咤激励は禁物です。性格が几帳面ですから、何かを依頼されると完全欲のために誠意を尽し、「人の役に立ち、感謝されることで、生きる勇気」を取り戻す場合が見られます。人は心の奥に自愛願望心という、人に認められたい、人の役に立ちたい、愛されたいという願望があり、それが触発されて生きる勇気に直結するのです。

第二章　健康と長寿

一．ＴＨＰとＣＵＲＥ（治療）

二〇世紀は開発・発展が重視された時代でした。「追い抜け、追い越せ」の効率主義が優先して、それだけに確かに暮らしは豊かになり、日本は世界一の長寿国となりました。

でも、一方では心の問題が放置されてきたのです。

昭和六三年、労働安全衛生法改正でＳＨＰ＝シルバー・ヘルス・プロモーション・プランでは、成人病対策として運動重視で身体を動かすスポーツ的奨励が中心でしたが、その後も、有病率は上昇傾向にあり、更に労働省はＴＨＰ＝トータル・ヘルス・プロモーション・プランを打ち出しました。

Ｔ＝トータルとは体だけではなく心を伴う心身両面が強調されました。

しかも、Ｔ＝トータルには、成人だけでなく、老若男女の全労働者の生活習慣病対策なのです。

よって、ＴＨＰの基本姿勢は「自分の健康は自分で守る」なのです。

欧米では、予防（Care）が前提ですが、日本人の場合は一人で我慢して、悩み抱え込んで息切れしてからのCure（治療）のケースが圧倒的に多い。

欧米では、校長自ら、「最近、どうも笑っていない、人の話が聞けない、イライラする」から、SC（スクールカウンセラー）を尋ねて、メンタルヘルスを心がけます。

身体の不調はDr.（医者）で、心の悩みはカウンセラーへと、車の両輪の如く使い分ける。

日本人はこの心のケアが軽視されがちです。

人生には、誰でも三つの坂に遭遇します。ドンドンの「上り坂」や上手くいかない「下り坂」に加えてもう一つの坂がある。それが思いがけない「まさか」の坂です。

その時、慌てて「さあ、大変だ、どうしよう！」という「まさかの坂」も今にして見れば、何とかなり、意外とケロッとして、当たり前のように感謝を忘れるのが人の常です。

イギリスの劇作家シェークスピアは「人間には本来悩みはない、悩みのないのが人間の本質である」と言っています。本来悩みはないのだから、現実にあるのは人間が作り出したもので、悩みがないと自覚すれば、悩みを打ち消す作用が働き、心の負担がなくなるものです。

中村天風先生は「人生で出会う人、出来事は全て恵み」として受け止める度量が肝心であると言っています。

これからは、寝たきりでない、元気で長生きの健康長寿を目指しましょう。

二．笑いとストレス

「これを実現した」「こうでなければ」という「思い」「こだわり」「執着」が長く続けばストレスが溜まって「疲れ」が生じます。疲れは「凝り・張り・痛み」となり、臓器の故障（病気）をもたらします。つまり、ストレス↓「凝り・張り」↓痛み↓病気↓死という5段階をたどるのです。

人間は前頭葉が一番発達しているために、色々なストレス（悩み）を受けます。だから、明日のことを心配し、昨日のことを後悔したりするのは、人間だけです。犬が明日の餌を心配したり、昨日のことを後悔したりしません。そのストレスを緩和するために、「笑う」というプレゼントを神は人間だけに与えてくれています。笑うと前頭葉が刺激され、免疫システムの間脳に伝わり、免疫活性ホルモンが分泌されリラックスするのです。

病気とは気が病むことで、やがて病態（体）とは身体が病むこととなります。だから、人と会ったら、「健康？」と言わないで「元気？」と言って確認します。

ガンも不治の病ではありません。生活習慣病の一つです。年間医療費三一兆円の約半分の一五兆円がガン治療のためのガン産業です。年間三一万人のガン死亡者の八割に当たる二五万人が、ガン三大医療の抗がん剤、放射線、手術の治療で亡くなっています。抗ガン剤の有効率は一〇％以下です。補完・代替治療を現代医療は無視せざるをえない事情があるのです。三大治療を避け、嫌がって追い出された「ガン難民」が、笑いや認知（考え方）の代替療法で奇跡的に治癒した例も多いのです。

エビデンス・ベースト・メディスン（実証主義の証拠に基づく医療）には、大きな壁が立ち塞がっています。ある大学病院の教授は、三大医療の実態を論文にしたら、学長に激怒されその論文を目の前で破棄されたと聞きました。

医者仲間でも、インシュリンを投与したり、放射線治療が自然治癒力を失い、根治に至らない一時的な治療法と知りながらも、医療産業の利潤追求が優先され真実を訴えることを回避している事情があるのです。

一五〇年前、ドイツのウイルヒョウが発表した「ガン細胞無限増殖論」という偽理論が発端です。ウイルヒョウはビスマルクの政敵としても知られ、彼の理論が事実であれば、一〇〇万年前に既に地球上から、人類は滅亡していることになります。しかし、ガン細胞の増殖を抑える免疫細胞が人間の体に存在するが故に人類は健在なのです。ガン産業は、厚労族の利権と深く関わり、政治献金や天下りの温床になっています。

ガン治療は、実はガン応援療法であるとまで言われます。一九七一年、リチャード・ニクソンのガン撲滅運動が派手な宣伝に乗って開始されましたが、二〇年後の一九九〇年には、敗北宣言をしています。どれだけ、ガン治療法に莫大な資金を投じても、従来の治療法の延長線上にある対応では、一向に治らないことを証明しています。

ガンだけです。「ガンの宣告とか告知」という言い方で死刑みたいな恐怖を抱かせます。その結果、気が病んで落ち込み、本当の病気となり病態へと進む訳です。トマース博士は、「ガン」と聞いて、気力を失い、死んでいく人が七割であると指摘しています。だから、私はガンという不気味な響きのある病名を修正することを提唱します。例えば「ポンとかフン」とかに変えるんです。「何の病気？」「フン！」とか、「俺は今、フンの末期でなぁ」なんて聞くと、自分もなってみたい気分になります。

三．病気と性格

病気と性格には相関関係があります。人の性格を理解し把握するために、類型による方法と特性による方法に分類します。類型による方法で、クレッチマーは体型から性格を推測しました。

アメリカのジョンズ・ホプキンス大学のトマース博士は、四〇歳以上でガンになる人の共通項として、人間関係で苦労が多かった人、感情表現が下手な人、感情を我慢して抑圧する人、気分転換が下手な人の四項目を上げています。ガンになっての心掛けとしては、余命数ケ月と言われ、寿命を延ばす闘病生活に明け暮れする人よりも、残された数ケ月という時間をどう活かすかに切り替え、残された時間を目の前の事・人・物を大切にして充実した生活を心がけた人は、ガン細胞が体の中から消滅している例が多いのです。

ガンになっても、人格上「ああ、ガンになってからの方が、幸せだ。急死したら、こんなに家族の温かい看病は受けれなかった。有難う。有難う」と思った人です。言葉や思いは、自律神経に作用して、体に反応して具現する。自律神経の特徴（クセ）として、過去・現在・未来の区別がつかない。過去のイヤなことを思い出すと怒りが体に反応して、楽しいことを思い出すと楽しくなる。イヤな思いのイメージに自律神経の交感神経が反応して、脈拍・鼓動・血圧などが変化する。更に、他人と自分の区別が自律神経にはないので、多くの人に治ると言われれば、自信が自律神経に反応する。そして、相手は言われたように、自分は言ったように、自律神経は反応して治る方向に動き出す。「いつ死んでもいい」と言うことで、何時《いつ》が消えて、「死んでもいい」がストレートに入ってしまうのです。

ガンになっても「肉体の死」より、生き方が人の心に何時までも残る「存在の死」に目が向いた人は、不思議と奇跡に見舞われている。やはり、病気の背後に人格上の共通項が見られる。性格病理学とでも言える分野では、例えば、今流行りの花粉症でも、完全主義者が多いらしいのです。

子供のアトピーでも、その子供を強く支配する影響力の強い大人の存在が指摘されています。日本笑い学会の木俣先生は、笑い療法と家族療法で薬剤に依存しないで治している実績があります。

女性の子宮ガンや乳ガン、卵巣腫瘍の患者が多い理由として、その背後に女性性を強く否定した性格支配があります。

常日頃、口癖や思い込みの中に「ああ、こんなに苦労するのなら、女に生まれなければよかった。今度生まれる時は、男に生まれてこよう」と思い続けている結果として、身体が反応して、「そんなに男になりたいんであれば、女でなくしましょう」と自らの体が反応して、女性特有の重要な器官である胸や子宮や卵巣を切り取る方向に反応して動き始めるのです。

「生きるのが辛い、苦しい」と言い続けていると体が反応して、壊れていくのです。「ああ、楽しい、嬉しい」と言い続けていると「じゃ、もっと長生きさせてやろう」という方向に体が反応するのです。

我々、笑い学会のメンバーの一人である病院の院長はある不思議なことに気づいたそうです。それは、色々と家族のヒアリングを通して、「病気がちな家族は、家庭の中に罵声や怒声、怒りのネガティブ（否定的）な言葉」が数多く交差していることに気づいたそうです。逆に健康な家庭は、笑い声や笑顔が絶えず、言葉も温和で、お互い温かい言葉のやり取りがあり、肯定的で感謝の言葉のやり取りの姿勢が多く見られると言います。

四．人生百二〇年

半世紀前までは、「人生五〇年」と言われていた時代から、今は「人生八〇年や一〇〇年」と言われる時代です。八〇歳×一・五倍＝一二〇歳が目安になる時代です。

これにはシッカリした根拠があるのです。それは哺乳動物の寿命は成長期の五倍という説があります。それによると、人間の成長期は二四歳で、その五倍の一二〇歳説です。大型の動物は長生きです。私の親戚の「かば」の寿命は八〇～九〇歳ですが、ネズミは一～二年、真夏のせみなどは数日です。つまり呼吸の早い動物は長生きしません。

昔から、人間の一生の「食いぶち」と「呼吸数」は決まっていると言われました。哺乳動物の呼吸数は五億回と言われましたが、誰がいちいち測ったのでしょうか。

人間も、年中ガリガリ怒ってばかりいる人、メソメソ泣いてばかりいる人は短命です。日中合同の調査で、長寿者の条件として、楽天家、よく笑う人、好奇心の強い人が上げられています。何時もニコニコしていて、ゆったりとして、借りた金も忘れるぐらいの悠長な人は間違いなく長生きします。人間は欲が働くと悩むのです。借りた金も返そうと焦るから悩むのです。思い切って、返そうとする強迫観念を捨てると、あれ程楽しいものはない筈です。

五．スローライフのすすめ

現代人は精神的、時間的、空間的なゆとりがなくなっています。これからは「スローライフのすすめ」が大事です。現代人は時間的に、空間的に、精神的にゆとりがなく多忙なのです。多忙の忙という字は

「心を亡くする」と書きます。息つく暇をもつことです。

先日、車で走っていると反対車線が渋滞です。事故かなあと思ったら、一台の右折する車が塞いでいる。ちょっと誰かが右折させてやれば即刻に渋滞は解消するのですが、皆がわれ先に心のゆとりがないのです。

ゆとりがないと失敗も多いのです。年末に夫婦喧嘩となって、旦那が思わず「出て行け！」と怒鳴ったら、妻が「出て行くわよ、知らないよ」と言って出口に突っ立っている旦那に「ちょっと、どいて！」というつもりが、余り興奮して頭にきていたので「ちょっと、抱いて！」と間違って叫んだそうです。旦那は「おお、まだ俺を愛していたのか」と勘違いして喜んだと隣人から聞きました。

会社の面接でも、緊張のあまり「君、電気の方は強いか？」と聞かれて、「ハイ、一〇〇V位だったら、直接じかに当てても大丈夫だと思います」「君の家業は？」「ハイ、カ行ですか、かきくけこ…」

「君の座右の銘は？」「左右の目ですか？　お蔭様で左右一・五です」などとゆとりがないと失敗も多いのです。そして、出て行く時、ノックして出て行ったそうです。見合いの席で、男性が聞いたそうです。「ご趣味は何ですか？」慌てた女性が「ハイ、お茶とお花とおとこが少々」お琴を舌がもつれて「おとこ（男）」といい間違ってしまって、当然、破談になったそうです。先日も、スクールバスの中で、運転手が急ブレーキをかけた瞬間、ウトウトしていた私の膝の上に女学生がド～ンと尻餅をついて座りました。慌てた彼女が何度も、「先生御免なさい」と謝るので、大きい声で言ってやったのです。「どうぞ、ごゆっくり！」車内中が爆笑でした。

それ以来、一、二年生の私の授業を受けていない女学生までが、学内で出会うと、ニコニコして「先生、どうぞごゆっくり！」と愛想を振り撒きます。ユーモア探しを心がけると心にゆとりが生まれます。

人間関係の失敗も、仕事のミスも心にゆとりのない多忙の所以です。

電車の中で、足を踏まれた男が思わず怒鳴りました。「この、くそったれ！」落ち着いた男が答えました「おお、僕は確かにくそったれだ、でも、聞くけどなぁ、君はくそはたれんのか？」怒鳴った男も本心を突かれて、納得して苦笑して、車内が明るくなったのです。

ある生命会社の職業別の保険料設定で、二〇～五〇歳の五〇万人を対象に調査した結果が報告されました。ガンに罹りやすい職業の一位はマスコミ・報道関係者、二位が交通機関で、バス・タクシー等の時間に追われている仕事です。三位が金融機関。銀行などで、どれも数字を追い、追われる宿命にある職業が上げられています。やはり、心にゆとりをもつスローライフの心がけが人生には重要です。

六．人間の寿命

今では過去の人生五〇年の一・五倍の人生八十年となり、更にその一・五倍の人生一二〇年に向かっています。この根拠として、先述したように、哺乳動物の寿命は成長期の五倍と言われていて、人間の成長期を二四歳にセットすると、二四×五＝一二〇歳です。アンチエイジング医療の進んでいるアメリカの抗老化医学学会公認寿命予測テストでは、遺伝的形質、生活環境、健康状態、危機管理レベル、心理社会的要因、ストレスの六つのパートから寿命を予測し、生活習慣を見直し、長寿願望で寿命は意識的に延ばすことが可能であると断言しています。

七．自立とは

自立には、体の自立（身辺自立）、経済の自立、心の自立、社会的な自立の四つの要素が含まれます。

ＷＨＯの二〇〇〇年六月の調査では、日本人の高齢者の介助を必要としない、自立の面からの健康長寿者は、平均寿命から非自立期間（寝たっきり）を差し引いた期間で、男性は非自立期間（寝たっきり期間）は平均寿命より男性が六年、女性は七・七年ですから平均自立期間は、男子七十二歳、女子七十七歳で、それでも質・量ともに世界のトップです。やはり、寝たきり長寿では折角の人生が寂しいのです。長野県は健康長寿は全国一位で夫婦とも元気で、長生きで寝たっきりにならないでピンピンコロリンです。

日本の一〇〇歳以上は六割が寝たっきり、アメリカは六割が起きたっきり老人で元気で、ＱＯＬ（生活の質）が違います。
そのためには、次の四つの自立があることを肝に銘じる必要があります。
① 体の自立（身辺自立）で、身の回りのことが自分で出来る。ＡＤＬ（日常生活動作）の向上が必要です。
② 経済の自立とは、狭義では仕事につき自分の手で生活費などの収入を得る。広義では、障害等で就労できずとも、年金などを自己管理し主体的に生活できる。
③ 心の自立であり、人に依存しないで、生活主体者として自分の生き方を選択し、その結果に自分自身が責任（自己責任）をとる生き方です。
④ 社会的な自立では、様々な形で社会参加・参画していく前向きな姿勢です。
長寿そのものは素晴らしいことですが、一方では心身に障害を抱えて、日常生活に他人の介助を必要とする高齢者も増加の傾向にあるのは、「長寿の代償」とでも言える生きる質の問題が問われる時代です。でも、五〇年も使用されてきた成人病が生活習慣病に改められたのも、老人の老後を悲観的に捉えた反省からです。老後の選択肢が三大成人病（ガン、心筋梗塞、脳卒中）しかないとなると日常の生活努力が無駄になるからです。

現在でも、老後は寝たきりか痴呆かの選択肢しかないように思われがちですが、これこそ数字のマジックに翻弄されています。

寝たきりは高齢者人口の五％、痴呆老人数は高齢者の七％ぐらいです。

中には、ダブルの寝たきり、痴呆の方もいますので、せいぜい六％。大多数の高齢者は、多少、目が不自由、膝が痛い、腰が痛い等の障害はあっても、寝たきりや痴呆になる保証はどこにもないのです。老化は自然現象で病気ではないのです。治療することで、かえって自然な流れに逆行させて新たな歪みを生み、別の副作用を呼び込んでしまいます。

第三章　日本の長寿者

一．長寿国日本の実情

長寿国日本の一〇〇歳以上の方は、昭和三八年が一五三人でした。
それが平成四年には四八〇二人となり、毎年六～七〇〇人づつ増加して、三〇年後の現在では、一五〇倍なんと二万五千六〇六人になりました。そして三〇年後には二〇万人を突破するであろうとまで言われるのです。

「親孝行したい時には、親はなし」という時代ではなく、今では「親孝行したくもないのに親がいる」という時代です。この調子で行けば「敬老の日」は消え、「若人の日」に変名するのが目に見えています。頑固、マイペース、過剰反応や気づかい過ぎない人は余りストレスにさらされませんから、長生きの方には多いのです。長生きをするためにコセコセしないで、ボ～とする術をお薦めします。

江戸時代から明治初期は疫病もありましたから人生四〇年、大正末期でも四二歳、今ウガンダの平均寿命は四一歳である。世界の平均寿命は六六歳で、日本の女性は当然世界一である。

しかし、一方では日本の男性はアイスランドや香港に負けて世界一になれない理由が、働き盛りの男性の自殺が多いためです。七八・三六歳＋六・九七歳（自殺者）＝八五・三三歳となれば、当然男性も世界一になるのです。平成一五年の自殺者はなんと三万四千二八〇人で、一年三六五日で除すると一日平均九四人と驚く数字で、交通事故死の四～五倍とも言われます。

交通事故は公表できますが、自殺は遺族の関係もあって公表できないので、我々の知る範囲は身近な不幸に限定されてしまいます。それゆえ深刻な問題としての意識に上らないのです。

自殺の理由は病気、経済、不和などが上げられますが、病気になると気力を落とし、病気から病態へと進むので、ガンの宣告を受けてから七割の人がガンそのもので死ぬのではなく、諦めて気力を落とすという例が報告されています。

ユーモア精神をもって、別の角度からものを見る癖を持つと人生は苦境が新たな幸運を招く端緒ともなるのです。

二．長生きのコツ

私の友人に医者がいますが、何時も朝の回診の時、「死にたい」を連発するお年寄りがいて困っていました。相談を受けた私は一つの提案をしました。彼は早速それを実行したそうです。

「先生、もう死にたい」「そうか、私も何とかしたいと思って、アメリカの友人に相談したら、苦しまないで眠るように息を引き取る新薬を手に入れた。早速それを注射してみよう、何時がいいか？」と尋ねたら、当人は慌てて「それは待ってくれ。当分は都合が悪い。先生、そんなに急ぐことはないでしょう」と言われたそうです。私の町内の老人会で、昨年「ポックリ寺」にバスで参拝に出かけました。祈願がかなったのか、翌々日、寝たきりにもならず、心臓病でお年寄りがポックリ死んだのです。考えてみると、この寺は「ご利益があった」と喜ばなければいけない筈が、参加したお年寄の皆が口を揃えて「あんな恐ろしいお寺には二度と行きたくない」と言うのです。「何時《いつ》、死んでもいい」というのは、あれはウソなんです。誰でも長生きしたいのです。

ここで、手っ取り早く長生きする方法をお教えします。たった年会費一万円で長生きできるうそのような理論です。これはＰＰＫの法則といって、まだ学会で発表していない学説ですから、ベラベラ公言しないことを約束してください。

大変、高度な学説ですので、読者にわかりやすく、噛み砕いて説明します。

皆さんのニーズに合わせます。「ニーズを知ってますか？」と敬老会で聞いたら、あるお年寄りが、「知ってるよ。フランスの浜辺でしょう」と言われましたがあれは「ニース」です。そしたら、隣のお年寄りが「ああ、椅子にぬる塗料でしょう」「あれはニス」と話が進まなかった事がありましたが、実践論を説明します。

ＰＰＫの法則とは、「ピンピン・コロリン」の略なのです。

私の所属する日本笑い学会に類似した学説を提唱するライバルがいるのですが、その方は、ＧＮＰの法則です。これは「元気で、長生き、ピンピン・コロリン」が学説の中心テーマになっているのです。

不思議とこの二つの学説に共通する点は、「長生き会」を作るということです。自分と同じ年齢の方同志を三〇人ほど集めて下さい。

そして、「長生き会」の口座を銀行とか郵便局に作りましょう。

そして、毎年、この長生き会に一万円を振り込むのです。

そして、一番最後まで生き延びた人が総取り出来るという方法です。

これで、間違いなく長生き出来ます。「金だけ出して死んでたまるか！」という人間の貪欲が長生きの秘訣です。ところが世間は広いものです。四国の香川県にこの会があったのです。

その長生き会の八三歳の会長さんをＴＶで拝見しました。ピンピンしていました。

五三歳から、この長い生き会を六〇人で始めたそうです。

この会は途中入会も認めるそうです。だから、同年輩の方を見つけると、参加を勧誘したそうです。

途中参加組はラッキーです。それまでの会費が免除される訳ですから。

多い時期には一七八人が途中入会したようです。

ところが面白いことに、欲につられて途中参加した方々は全て早死にだったそうです。何故か知らないが純粋にこの会を楽しんでいる人達が、長生きしているそうです。インタビュアーが「今何人ご健在ですか？」と聞いたら、二七人がピンピンしていて、七三歳から誰も死なないそうです。

「失礼ですが、お金の方を聞いていいですか。今、どれ程、貯まっているのですか？」定期の複利貯金です。五〇歳からスタートして、三三年間で何と二千四〇〇万円も貯まったそうです。

正月になると、二七人がお酒を持参して集まってきて、自分の健康法を語り合うのだそうです。

その宴たけなわに、幹事の方が「ただ今より、貯金残額を発表します。現在、二千七〇〇万円」と読み上げると「俺のものだ」と皆が皆、手が上がるのだそうです。最後まで生き延びる自信があるようです。

また、お酒が入ると盛り上がって、酔いがまわってくると段々と本音が出て来るそうです。「あんたと俺が最後まで生き延びたら、ふたりで折半にしようね」と。これはユニークな会ですが、ワクワクする楽しい事を始終考えていると健康状態はいいのです。

この会のメンバーになって、更なるメリットは友人の死を喜ぶようになるのです。

年老いて自分の友人が一人亡くなり、二人亡くなると不安で寂しいものですが、この会のメンバーになると、友達が死ぬ度に自分にチャンスが近づいてくる喜びの方が大きく、焼香する時に笑いがこみ上げてきて、前が見られないそうです。遺族には「泣いている」姿に映るようですが、笑いを耐えている姿なのだそうです。告別式でも、参加したメンバーの皆の目が笑っているそうです。

三．日本人の長寿の理由

一〇〇歳以上が、平成十五年には二万五六〇六人、三〇年後には、二〇〇万人を突破すると推定されています。今は「親孝行したくもないのに親がいる」という時代に突入しています。

あまりの長寿も考えものだと私は思います。

人間惜しまれながら死ぬという命題も必要です。

例えば花火や夕日に人は何故、あれほど感動を覚えるのでしょう。

読者の皆さんは、考えた事がありますか。

「もう少し、見ていたいなぁ」と思うから、感動を覚えるのです。

パッと上がった花火が消えていく時、人は「ああ、消えていく！」と思うから感動するのです。

あの花火が開きっぱなしだったら、どうでしょう。

見てる人は怒り出します。中には、「早く消えろ、首が痛い！」と叫びだす人も出てくるかもしれません。人間の場合も同じ道理が働くのです。

「ああ、もう少し、一〇〇歳までは長生きしていて欲しいなぁ」と思う時、パタッと天国に召されていく、余韻を残す死に方です。

何故、長生きの人が増えたか。理由は二つあります。先ず一つは、死なない。嫁が今度こそ、おじいちゃんは死ぬかと期待していたのに、ＩＣＵに入って点滴を受けてピンピンして戻ってきて、嫁や葬儀屋をがっかりさせるのです。二つ目は健康管理です。具合が悪い時以外は病院に出向いています。

健康管理には、体調管理、寿命管理、容姿管理があります。

容姿管理は幾つに見えるかです。スタイリッシュエイジングが大事です。森光子さんが八十五歳に見えますか。私も容姿管理に挑戦した経験があります。五〇歳代、六〇kgの体重が七〇kgになったのです。これはいけないと思って、近くのスポーツクラブに入会しました。紹介されたインストラクターを見て思いました。「この人こそダイエットが必要だ」と。でも、お蔭様で彼は私のために科学的なトレーニング法と食事メニューをプランニングしてくれました。私は言われるまま三ケ月間、忠実に頑張りました。なぜ、早く挑戦しなかったのかと思いました。やれば俺だって出来るんだと自信が湧いてきました。やはり、科学的トレーニング法は違います。七〇kgあった体重が三ケ月で……、なんと七三kgになっていたのです。それ以来、ダイエットに金をかけることを諦めました。

元手（自分）を忘れて、健康のために無駄金を使わないことです。万人に共通の完璧な健康マニュアルは陽気に笑う以外にないのです。

四．あなたは何歳まで生きるのが目標？

私は皆さんに何歳まで生きようと思っていますか？　という質問をします。寿命なんて目標にすべきものではないと言わないばかりの素振りや、中には遠慮がちに、平均寿命まで生きれたら十分と言う人もあります。

いつ死ぬか判らないのは事実でも、その目標にした年齢に応じた無意識の生活パターンを創るのも事実です。今、宴会でも「飲まないと損する」と浴びるように飲み、割り勘負けしないように会費分は取り戻そうと無理をする。体からの制御の反応はでてこないのです。

二〇〇七年、一一一歳で世界最高男性にギネス認定された宮崎県の田辺友時さんは、「何歳まで生きたいですか?」と問われて「やっぱり、まだまだ死にたくはない」と答えました。

九八歳の和尚が、病気を宣告されて言った言葉が「俺の体を、勝手にしやがる。思うようにさせないゾ！」と叫んだそうです。

長生きも、究極は、目標に向かっての信念の継続・努力・根気の集積なのです。

一二〇歳まで元気で生きられると信じて語ることによって、当たり前の事として意識に入り、新しい意識を形成する。すると網目状神経が働き、それを実現するために働き、知らない内に意識が変わり、言語習慣を変えると見えてくるものが変わる。

つまり、信じる↓意識に入る↓新しい意識を形成↓網目状神経↓意識が変わる↓言語習慣が変わる。イメージが不得意な日本人は言語能力を活用して意識を変えると良いのです。

五．老化は避けられる

老化とは、昨日まで普通に出来たことが、今日から突然出来なくなることです。

介護とは、小さい時に親にやってもらった事を、してあげることです。

認知症になっても、結婚後の名前は忘れても、結婚前の名前や小さい頃の愛称で呼びかけると、不思議と反応することです。

大脳を持ってから、脳で起きたことは体で表現する特徴があり、脳の中でホルモンなどが分泌される化学反応が起きているのです。生きているということは化学反応であり、体は一秒間に三億～四億もの化学反応を起こしています。人間の体は意識が引き金となり化学反応を支配しているのです。

意識↓化学反応を支配↓脳↓ホルモン分泌↓化学反応を起こす

たとえば、レモンや梅干をイメージしただけで、実際、食べてもいないのに体が反応して唾液を分泌します。食後に、もしやと食中毒の不安を抱いた瞬間から気分が悪くなります。過去の嫌な人や事柄を想起しただけで、交感神経が働き、血管は収縮し血圧が上がり、ノルアドレナリンが分泌して、脈拍は早くなって、表情まで蒼白になります。逆に、過去の楽しい事を思い浮かべただけで、副交感神経が働き、ドーパミンが分泌して明るい様相に転じるのは、体の反応の由縁です。

人生五十年といわれた時代の「老化モデル」は二十五歳をピークに生命力がだんだん下降します。しかし、寿命の延びた現代は「加齢モデル」の死ぬ直前まで生命力が成長を続け、突然、死が訪れる。心身の機能は死の直前まで高い水準に維持され、その後、急速に低下して死を迎えるのです。

心理学でも、言語能力や人格は生涯発達するとみられます。加齢モデルを歩くには、生涯現役で、死ぬ直前まで生き生きと暮らす心構えが必要です。

年をとることや偏見を捨てることで、年齢に関係なく、何にでも挑戦して、脳を刺激し、脳の成長を益々、促すことである。大事なのは、考え方、老化に対する考え方から、自分の可能性を信じて、加齢モデルを歩く心構えが大事です。

「老化は避けられない」という先入観や意識が、その人の反応系を支配してしまいます。強く思って心の底から信じれば、実際に体の中で化学反応を現実のものに近づけます。

人生で自分の寿命の目標を何歳に置くかによって、体の反応が違います。いつ死ぬか判らないと思う人は、命を粗末にする人で、自分だけでなく、人様の命さえも大事に考えない人です。そして暴飲暴食をします。命を粗末にする方向の考えに体が反応して、生活パターンを作っていきます。

桃太郎会・小久保桃江（一〇三才）さんの生き方に学ぶと、朝夕は神仏を拝み、長寿を祈念しているために、無意識に体の知恵を具現した長寿の生活パターンが築かれています。

昼寝したり、夜中トイレに起きたら必ず目を洗うためか、白内障や緑内障も患わず、目の不自由を知らない。毎日一合の晩酌も嗜み、人生を楽しみ生かされている事への感謝をもった生活姿勢が違うのがわかります。

六．長寿の土地

厚生労働省が二〇〇〇年時点の長寿の市町村レベルの人口動態統計の公表をしましたが、沖縄は上位三〇位の三分の一を占めています。

暖かい南の方は長生きの方が多いのです。何故、暑い南の地域が長生きの方が多いのか、考えた事がありますか。その原因を私は真剣に考えた結論が「ボ〜」としているからだと思いました。

南の方は、コセコセしていません。沖縄には、ハブに噛まれても気がつかなかったおじいちゃんがいたのです。春先はハブがよく噛むのです「スプリング（春）　ハブ　カム（噛む）」と言って、このフレーズに反応した読者は、恐らく英検三級以上の実力者です。

私は鹿児島の生まれですから、徳之島に行った時、世界一長生きした泉重千代さんのことを地元のお年寄りに聞きましたが、明るく、よく笑う方であると紹介されました。

百二十歳の誕生日に、報道陣の質問に平然と答えていた姿が思い出されます。

「健康の秘訣は？」「ハッハッハッ、解からん」「おじいちゃんの理想の女性のタイプは？」訊く方も訊く方だと呆れて聞いていましたが、平気な顔して鹿児島弁で「甘えん坊だから、年上の女がよか」と答えていました。自分がこの世で一番の年上ということを、スッカリ忘れている呑気で前向きな、肯定的なネアカな発想なのです。ところが沖縄では、平成七年には「世界長寿地域宣言」を発表したにも拘らず二〇〇〇年の調査では一気に二六位、全国平均を下回る「沖縄二六ショック」となった理由は、戦後派の深刻な生活スタイルです。戦前派は相変わらず全国一位ですが、戦後派は車社会による運動不足、欧米化した食生活、飲酒を励行する社会的な背景、若い喫煙開始年齢と高い喫煙者等が影響して、親より先に死ぬ親不幸現象のケースが見られます。

日中合同調査の結果でも、長寿者に共通するのは、楽天家で好奇心が強く、よく笑う人だとの報告があります。「笑い上手は生き方上手」なのです。

中国の「養生長寿三六忌」では、長寿の要件として、遺伝的素質は二五％、育ってきた環境が二〇％、医療が長寿に貢献するのはたった五％で、後の五〇％が自分の手の中にある、つまり自分の好みや生活習慣や人生観に規定されると言われるのです。確かに私が出会う長寿者は、明るく好奇心があって、マイペースでスマイル（笑顔）がある面で共通しています。

日経連の提唱する「ストレス防止八ケ条」には、前四条を上げるとハード・スケジュールを避けること。三〇分以上運動すること。物事をポジティブに考え、肯定的な、明るいものの考え方をすること。そして笑うことが上げられています。いい意味の頑固で、マイペースで、過剰適応して他人の時計で動かされてばかりいない生活をモットーにしています。

笑いのない、クヨクヨした、周りに過剰反応して取り越し苦労するのは、百害あって一利なしです。借りた金も忘れるぐらいのボ～とした悠々自適の人が長生きには不可欠です。

第四章　笑いの効用

一・笑いの作用（役目）

スピーチで演壇に上がっても、国民性があらわれます。アメリカ人は先ず、ジョークに始まり、イタリア人は自慢話で始まり、日本人は弁解に始まると言われるように、日本人はユーモアが下手です。

ユーモアはこころのゆとりで、締まり過ぎたネジを緩める人間関係の潤滑剤です。

最近の切れる子供にはユーモアやスマイル（笑顔）が見られないのが特徴です。

北欧では、ストレス・マネージメント教育の一環として、「笑いのエクササイズ」が教育に取り入れられています。

笑いは生活に潤いをもたらすだけでなく、ストレスを軽減し、免疫力を高めるのです。

疲れてくると笑いが滞りがちです。「笑えない」ではなく、「笑える機会」をつくりましょう。

意識的にも笑顔は周囲の雰囲気を変え、自分を変えますから、先ずニッコリしてみましょう。あなたの子供の頃を思い出して下さい。意味や価値はなくても、腹の底から楽しいことをしていた筈です。楽しいと思うことを何でもしてみることです。人は視点を変えると、現実の見方が変わります。大笑いでなくても、クスッと思えることがあれば、気持ちが変わります。

私は、何時も深刻な時ほど、視点を変えたり、意識的に楽しさ探しをしますが、寄席などに行き、明るい雰囲気に包まれるだけでも気持ちが晴れるものです。

難病を笑い活用で完治したノーマン・カズンズ氏のように、笑いの雰囲気に包まれる時間作りも現代のストレス社会を生き抜く智恵でもあります。

笑いの作用について次の四作用があげられます。

①笑いの親和作用　（ユーモアが通じ合って、笑いが共有でき、相互の緊張を解く）

②笑いの誘引作用　（人を誘い引っ張り込む力がある）

③笑いの浄化作用　（溜まっている毒を洗い流してくれる）

④笑いの解放作用　（頭を柔軟にする働きがあり、物の見方を相対化し、複眼的になる）

この作用について少し説明しましょう。

①の親和作用とは、よく「廃用性衰退」という言葉がありますが、人間の身体は使わなければ、段々と衰えていくことは言うまでもありません。

顔の表情筋も使わなければ、退化して仏頂面になって、筋肉が固まってしまいます。

人は笑顔（スマイル）によって、ゆとりが出てきて心を開き、お互いに気持ちの通じ合う関係が生まれます。表情豊かな人は、人間関係が上手で、人と仲よくなり易いのです。

②の誘引作用とは、「私が笑えば、あなたも笑う」というミラーの法則がある様に、笑いは感染して相手の心の緊張を解く役割があります。

笑顔は笑顔を生み、自分の輝きをより一層増すのです。

仏教の言葉に無財の七布施の「和顔施」とあるのは「笑顔」で他人と接する事は、相手に心の扉を開かせ、気持ちを癒す大切な対人サービスであると言われます。顔は自分のためにあるのではなく、他人のためにあるという事を忘れないで下さい。

会社では怖い表情のワンマン社長でも、自宅でお孫さんを膝の上に抱いている時の表情は別人の様に見えます。エンゼル・スマイルに感応しているのです。

エンゼル・スマイルは左右対称です。嘲り笑い、冷やかし笑いは左右非対称です。左右対称のいい顔作りが大切です。モナリザの左右非対称な顔は不可解な表情をしていますが、コンピューターグラフィックで正面を向かせると平凡な顔になるようです。好きな男性に不可解な表情で迫りたい女性は、このモナリザのポーズに習うべきです。

仏頂面は人に好かれません。顔の表情筋も活用しなければ退化するという、廃用性機能低下で固まってしまうのです。

何時も難しい顔をしている人は、眉間に二本の縦ジワを刻んでいる方がいますが、気づかない内に残余緊張が残るのです。表情筋の緩みが、心もリラックスさせるのです。
③の浄化作用は、我慢したり辛抱することで自分の感情を抑圧して、ストレスを溜め込んでいるのが現代人です。そうした憂いを追い払い、ストレスを浄化する作用が笑いにはあるのです。
無理に相手に合わせようとして過剰適応すると、その反動が心身に不都合な状態を招きます。

笑顔によって心の煙突掃除をすることで、素直な自分を取り戻し、人を受け入れるゆとりが出てきます。ゆとりが出ると自己コントロールが出来て、邪念を払い、感謝の視点が目覚めるのです。

笑いたい時は笑い、笑いたくない時でも笑う自己コントロールが必要です。

先日、名古屋から福岡までの新幹線で、隣の二人の中年女性のお喋りで、寝ることも本を読む事も出来ませんでした。あの二人の口に万歩計でも装着したら、何百万歩だろうと思いながら聞いていましたが、あの笑いと饒舌《じょうぜつ》のホットラインは何よりのストレス解消をしているのです。

ホットは緊急という語義で、ラインは電話線という本来の意味があります。

同じストレスを受けても一緒に笑えるホットラインがいる人といない人では、ストレス反応の結果が違います。ホットラインは、ありのままの自分をさらけ出せる人でホッとする人です。

悲しい時も嬉しい時も、思いっきり素顔の自分を素直に出せる人がいると人生は楽しいです。

④の解放作用。学生に「笑いのエクササイズ」を実施した実験群に、面白いＴＶをみた後との問題解決や創意工夫のアイディア課題を出すと、全く普通に参加した統制群の学生よりも大きな相違が出ました。実験群の学生の成果は、笑いによる五感の刺激、潜在能力の開発、感性の発達による複眼的な柔軟な思考傾向が見受けられます。つまり、笑いによって頭の回転が良くなるようです。

この事からも、笑いによる効用は、五つの気「元気、勇気、やる気、根気、活気」の源になり、笑う事で生命力の活性化に通じるのです。

二．微笑は美粧に勝る

「微笑は美粧に勝る」という言葉の様に、微笑に勝る化粧はないのです。

女性は、買い物に出掛けようとすると化粧をはじめたりします。

男性にとっては、イライラさせられるものです。

私の妻も、たまに一緒に買い物に付き合う時、やはり女性です。化粧を始めるので、私は大声で「化粧はいい加減にしろ」と一喝して、その後で「それ以上、綺麗になってどうする」とフォローすると、化粧を諦めて車に乗り込んでくる時があります。「早くしろ」の催促は、結局、女性に意地を張らせ、逆効果になるように思います。女性の意地と争う男性は愚か者です。

私も時々、妻と争う場合がありますが、最終的には私の「鶴のひと声」で決着がつくのです。

「俺が悪かった、ゴメン！」これが上手く生きる智恵です。

私のような高齢になると、常に危機感を持って生活しています。

今、妻に捨てられたら、これからどうして生きていこうかと思うだけで目の前が真っ暗になりそうです。

この前も、化粧している妻の側に三歳の孫が近寄って尋ねていました。

「おばあちゃん、なんでお化粧するの？」「それはネ、綺麗になるためよ」

「どうして、おばあちゃんは、綺麗にならないの」この孫の一言で私は孫を尊敬しました。

大人はいくら思っていても、口に出して言う事が、大変な結果を招く事を経験的に知っているのですが、子供は素直なものだと感心します。

家の廊下で家内とすれ違う時も、私の方は壁づたいです。これを見た孫が「おじいちゃん、何しているの？」と聞くから、「これ、何に見える？」と壁にへばり付いたポーズを示すと「クモみたい」と答えました。私は「そう、クモのことを英語ではスパイダーというんだよ、だから、おじいちゃんという呼び方は嫌いだから、これからはスパイダーマンと言って」「スパイダーマン！」「そうそう」子供は納得すると素直なものです。スーパーに行っても、私を探すとき「スパイダーマン！」周りの大人達が不思議そうにしています。そこに私が現れて孫の頭を撫でながら「ヨシヨシ」と。

この孫と先日、タクシーに乗りました。愛想のいい運転手で、振り向いて「どちらまで？」すると前の入歯が銀色に光っていました。これを目敏《めざと》く見た孫は「おじさん、何で歯が光っているの？」私はドキッとしましたが、いい運転手で「磨き過ぎたからよ」と答えてくれてホッとしました。そして、走り始めたら、運悪く、頭のてっぺんが禿げているのを見つけた孫が「おじさん、頭も磨き過ぎたの？」やはり私の血筋です。

先日、化粧の効用として、痴呆老人に化粧をさせることで、生活面の変化が見られたとの学会での事例発表を聞いて、好奇心旺盛な私は、早速現場を視察に出かけました。一生懸命に化粧をしてる姿に感動して、見回っていた時、目が合ってしまった老女から声を掛けられました。「わたし、きれい？」

内心ドッキリしましたが、口先では一応「綺麗よ」と言ったものの、内心この顔が夢の中まで追いかけて来たらどうしようと、恐怖を覚えました。

それは、唇を青く、額（おでこ）を真っ赤にチグハグに化粧している訳ですが、それでも当人は満足して、自己イメージを膨らませて自己存在を意識しているのが生活の変化を生み出していく事が納得できます。認知症（痴呆）のワンステップは物忘れではなく、感動や楽しみが希薄になるのです。

物忘れは、誰にでもあることです。物忘れとボケや痴呆とは違います。

物忘れを痴呆と断定すれば、私は既に施設等の利用対象者の一人です。

私もこの夏、眼鏡をかけたまま顔を洗っていたのには、自分ながらあきれました。

洗面器の底がよく見えるのです。おかしいと思ってやっと気づいたり、置いた場所を忘れたりします。

この頃、自分の物がなくなった時、思い込みの傾向に気づきました。

近くにいる家族を先ず疑ってしまうのです。

最近は探している時、女房と目が合うと先方から、「また私が隠したとでも言いたいの」と一発、先手を打たれるようになりました。

三 笑顔の役割

大きく笑いの役割を挙げてみると次の四つが考えられます。

①「緩和」とは、相手の気に入らないことを言う場合に、その不快さを緩和（薄める）するための笑顔で、防衛的に相手に気を使った時のスマイルで相手の反撃を交わす時に使われます。

②「応諾」とは、相手の不快さを笑いで受け止めて自分の不快さをカバーする笑顔で、露骨な嫌悪感情をカバーしての作り笑いですが、人間は社会生活では仮面をかぶっているので、このような対応

は人間関係のストレス源となり、過剰適応から精神的な病気に落ち込んでしまうのです。

③「調整」とは、笑顔で理解や同意を言葉より先に示す笑顔

④「傾聴」とは、話をしっかり聴いていますよと言う意味の笑顔

後者の③、④の二点は積極的傾聴にみられる受容で、カウンセリングではこれを活用して相手の心を開かせるのです。

第五章　「笑い」の威力

笑いは治癒の道具として重要なテーマです。健康であるためには、先ず楽しくなければなりません。愛情、笑い、生きることは人生の最高の宝でもあるのです。

身体と人間関係の両面から、「笑いの威力」を探ってみましょう。

人間関係においては「ゆとり」と「信頼」と「希望」の三つは笑いスタンバイ状態の必要条件といわれます。緊張状態が解けて、心にゆとりが必要ですが、相手を信頼して、笑う気にならなければなりません。そして、これからよくなると思う希望が必要です。

笑顔のある人は、先ず第一印象がよく、相手の堅い緊張感をほぐしてくれます。

笑顔の挨拶は効果的です。人に安心感を与えることは人間関係をスムーズにします。

笑顔に伴う優しい言葉は、自分の思いを伝えやすく相手も受け入れ易いのです。

それは、笑顔によって上下の隔たりを除き、親近感の気持ちを抱かせるからです。

自分自身にとっても、笑顔によってストレスを浄化し、ゆとりによる謙虚さが生まれ、笑顔は笑顔を生み、より一層自分の輝きを増すことになります。

ですから、自分を笑い飛ばし、人を楽しませる真のユーモア精神を身に付けて欲しいものです。

一．身体面の効用

現代はストレス時代ともいわれ、ストレスが徐々に溜まり慢性化すると、簡単にストレス解消が出来なくなり、身体の不調となってきます。このストレスを解消するには笑いが効果的なのです。

笑いが身体に及ぼす効果には大体、二段階があるようです。

一段階は笑いで身体の揺れ運動による健康的な刺激を受け、次に笑いで身体の奥深い弛緩から、癒させるという段階です。笑いと「くつろぎ」は関係が深く、笑いで神経のたかぶりを処理し、不快な筋肉運動を放出する安全弁の役目をしているのです。

笑いによって、ガン細胞の免疫機能を果たすＮＫ細胞（ナチュラルキラー）が増加してガン予防にもなります。強いストレスによってＮＫ細胞は減少して、ガンの発病の原因となります。

このＮＫ細胞（リンパ球）は一個の受精卵から二倍、四倍、八倍でこのコピー、コピーで六〇兆まで増えますが、中には当然、悪い細胞も出来てきます。それがガン細胞で、一日五〇〇〇個も出来るのだそうです。これを壊す役目がＮＫ細胞にあるという訳で、それを活性化するのが笑いの効用なのです。

免疫力は加齢と共に低下するので、これを阻止するには笑うこと、泣きたかったら泣く事、他人とおしゃべりをすること、お化粧して楽しむ事で、人間は心地よい時ドンドンＮＫ細胞が増加して、免疫力を高めていると言われます。

従って、笑いはＮＫ細胞の減少を防ぎ、ガン予防に重要な役目を果たす事になるのです。

その他の細菌からの免疫機能まで向上している事は、多くの実験で立証されています。

つまり、笑ってネアカで楽しく人生を生きることが、ストレス解消や免疫機能を向上させ、病気の予防と治癒に役立っているのです。

笑顔は陽性にして良いホルモンの分泌を促進し、ＮＫ細胞を活性化し、笑う事で体内ジョギングの効果から、生命力を活性化するからです。

笑顔は五感を刺激し、感性を高め、潜在能力を開発することで、創造力や自己発見による成長が見られるのです。

人は笑顔によって素直な心になり、人の言葉を素直に受容できるのです。

それは自己統制力をつけ、感謝を生み、邪念を払拭《ふっしょく》する心の浄化につながるのです。

二．笑顔は人間関係の潤滑剤

笑顔は最良のコミュニケーションであって、笑いは、ストレス軽減はもとより、ストレス予防にも不可欠です。にこやかでよく笑う人のそばにいると、笑いの誘引作用で楽しくなって来ます。最初に顔を合わせた時に先ず微笑み、会話の合間に時折笑顔で接する事で、意思の疎通がスムーズにいくのです。

第一印象を良くし明るく挨拶する事で、人を暖かく包み相手の硬い心を開放する効果があります。笑顔は自らの気を満たし、元気・勇気・活気のエネルギー源になり、不退転の根性を養育します。楽しいから笑うだけでなく、笑うことによって楽しくなって来るのです。

笑いのエクササイズでは、鉛筆や箸を口にくわえ、意識的に笑っている時の格好をすることで、笑う表情筋が働き楽しくなってきます。

心理学的な実験でも、この状態でコメディを見ると楽しさが倍化するといわれています。すなわち、大脳は作り笑いと本当の笑いを選別できないので、笑いや笑顔が楽しいという感情を作っている事が判ります。笑顔によって心を開き、寛大に他人を受け入れる包容力が広がります。

人間関係で大事なことは、感謝、寛容の姿勢です。我の強い人は、相手を変えようとする思いが強い。エリック・バーンの「過去と相手は変えられない」の言葉通り、自分の思うように相手を変えることは出来ません。今や三組に一組が離婚する時代です。この原因は「相手を自分の思い通りに変えよう」

として失敗した例です。この世に完璧な人はいません。人を許す心のゆとりが大事です。

我の強い人は我の強い人に出会い、自分の鏡になって気づいていくのです。

悩みの八割が自分のことではなく、他人のことです。子供が勉強しない、成績が上がらない、主人のわがまま等です。他人を自分の思うようにしたいと思うから悩むのです。結局、悩みは一つで「自分の思うようにならなくて悩んでいるんですねぇ？」と聞くと、大抵が「ハイ、そうなんです」このように自分の我に気づいて人を許すことを知ることが大事です。

嫌いな人は、自分が抑圧したものが相手に映るのです。それが自分にあることを認め、気づいて成長するのです。他人の欠点が気になる時は、自分に同じ要素がないか、相手を非難することで自己防衛していないかに気づくことが人間関係には必要なのです。

三．笑いの科学的研究

少し、理論的に「笑顔」を作ると楽しくなる理由を探ってみましょう。

最近は笑いへの科学的な研究が進められています。大脳生理学における「笑いの効用」を探ってみます。笑うと言うことは昔から、健康に良いということは「笑う門には福来る」の諺通り、誰もが解かってはいたのです。この笑い＝福には多くの意味があります。例えば、幸福、富、健康、人間関係、人付き合いなどです。これは体験的な生活の智恵から生まれた言葉です。

ただ、笑いは教育においては、抑制的な教育を受けてきた結果、研究が進みませんでした。また、その他の理由としては、笑いに対する評価の低さからきています。過去の日本における武士階級、軍人のゆとりを除外した世界では、笑う人間＝不真面目という見方があったからです。

更に「笑い」の多様性に起因する不可解な一面があるからです。

笑いには哄笑《こうしょう》（大笑い）、微笑（ほほえみ）、失笑（吹き出し笑い、思わず笑う）、苦笑（苦笑い）、歓笑（喜び笑う）、嬌笑（なまめかしい笑い）、嘲笑（あざ笑い、馬鹿にして笑う）、冷笑（あざわらうこと）、虚笑（うわべ笑い）など、多種多様な笑いが人間には見られます。

しかし、笑いの本質は大別すると次の三つが考えられます。

第一の笑いは、積極的な笑い。本当の笑いで健康的です。

第二の笑いは、自然な笑い。素直な順応的な笑いで、邪念のない笑いです。

第三の笑いは消極的な笑い。演技としての笑いです。

笑いの最大の成果は、常に理解する機能と快感機能によって得られるということです。

自然界には笑いの源泉はなく、笑い手の中にあるということを自覚する必要があります。

日本人の笑いが時々外国で誤解を招くのも、笑いには育った文化や価値観の違いから、笑いの多様な要素に対して理論的な分類がし難いことも上げられます。

しかし、その困難な課題を越えて、最近、科学的なメスが臨床的にも向けられてきました。先ず、笑った後のＮＫ細胞（ガン細胞を攻撃する細胞）の増加を始め、慢性関節リウマチ患者の激痛の緩和の実証、アトピー性皮膚炎の縮小、悪性黒色腫の再発率の低下など、臨床実験に基づく実証的な研究報告が盛んになりました。私の所属する「日本笑い学会」でもこの種の発表が多くなりました。

慢性間接リュウマチはヒポクラテスの時代から、気分で痛みが変わる難病といわれ、真面目で笑わない人に多く、心の風邪というううつ病、ノイローゼ、心身症の共通項はユーモア、笑顔、喜ぶのが下手な人という報告があります。

笑い療法を活用して、難病を治したノーマン・カズンズ氏に触発され、笑いを医学的に研究を始めた外科医のステーリン博士が、テキサス州ヒューストンのセント・ジョーゼフス病院で取り組まれました。病院内に作られたリビングルームにオーディオ機器、アートコーナー、お笑いＶＴなどをセットしたのです。そして、ナースにも患者に対する笑いを意識的に活用することを義務づけて、他の病院との比較研究の結果、退院日数や治療結果に、大きな笑いの効果が実証されたのです。

同じく日本でも、中央群馬脳外科病院長の中島英雄先生は、日本笑い学会の講師団の一人で「院内寄席」を毎月継続しています。また、ガン患者のアルプスのモンブラン登頂で話題となった倉敷市のすばるクリニック院長の伊丹仁朗先生の「生きがい療法実践会」の取り組みは余りに有名です。

お医者さんで笑い学会の副会長の昇幹男先生などは、難しい医学の世界を「笑いの効用」について、解かりやすく「健康法師」として全国行脚の旅を続けています。

四．作り笑いの効用

関西学院大学の八木先生の研究では、眉間と頬に電極を付け、指先に電極をつけて、大好きなネコの写真を見た時の血流を測定したら血流量が増加し、反対に、嫌いな蛇の写真を見せると血流量が減少しました。そこで、目隠しして、何を見ても笑顔（スマイル）を意識的に作るよう指示したのです。

目隠しして亀を触り、目隠しを外すと血流が下がるが、作り笑いでニッコリすると血流が増加するという実験結果を得ました。このことから、作り笑いの神経回路が出来ると、そう反応することによって血流が改善されることを立証しています。

アメリカのエール大学のシュワルツ博士も同じような実験結果を出しています。

顔にある表情筋に電極をつなぎ、悲しい時、嬉しい時、不安な時の電極の反応測定値を記録しておき、被験者に内緒で、楽しい表情筋を刺激する電極値を反送すると、途端に笑い出したり、不安表情筋刺激では不安が増幅され、「先生、やめて下さい」と拒否したと言われます。

ですから、作り笑いを意識的に試みることで、条件回路が形成され、落ち込む事から解放されるといわれます。日本医科大学の吉野教授のリュウマチ患者の研究でも、リュウマチを悪くするインターロイキン六因子が落語を聞かせる事で低下したとの報告があります。

楽しく笑うことで、鎮痛剤がいらない、麻酔と同じ効果が笑いにはあるといいますから、ストレスで笑いを忘れがちな現代人は、笑いを意識的に作る事が必要です。

私も中京ＴＶのリアルタイムや名古屋ＴＶで、学生を対象とした笑いとストレスの関係を唾液によるストレス測定器を使って実験をしました。結果、実験前と笑いのワーク実施後のストレス軽減が実証的に視聴者の面前で確認され、関心を持たれました。

五．笑うことによって、気分が変わる理由

（一）顔面フィードバック効果

顔面には目（視覚）・鼻（臭覚）・耳（聴覚）・口（味覚）・皮膚（触覚）など、人間の感覚器官が全て集まっています。感覚器官から情報が脳に伝わると反応して、脳からの指令で表情筋は働き、再び脳へフィードバックします。表情筋の組み合わせや収縮度合いによって、顔の表情が作られる。顔の表情筋による活動（収縮）は直ちに脳へ伝達される　↓　脳内回路の楽しい感情を起こす神経回路の興奮　↓

笑顔による楽しい感情が湧き出す。

顔の五感覚器官　↓　脳　↓　顔の筋肉の活動（組み合わせ・収縮度合い）＝表情　↓

（感情）⇳　フィードバック　↓表現（言葉）の相互関係がある。

表情筋は、大きく次の四つの筋肉に分類できます。

①大頬骨筋：笑いの主動筋で、好意的な時や作り笑いで活性化します。退化させない方法は、いつも笑みを絶やさず、作り笑いでも意識的に作ることで、気分もネアカに好転します。

②眼輪筋：目尻のカラスの足跡といわれるシワに該当する。このシワを気にする女性が多いが、このシワを作らない唯一の方法は、若死にすることです。

③皺眉筋《しゅうびきん》：眉間の縦シワで、嫌悪感を感じた時や苦笑したり悩み込んでくると表れる。中には折角の寝顔でも見られる不幸な人がいます。

④口角下制筋：笑ってはいけない時、笑いを抑える働きをします。ここがゆるんでくると、葬式やおくやみの時は、出掛けない方が無難です。

（二）脳の血液の温度差

脳内の動脈血と静脈血の熱交換によって、脳の温度のバランスが維持されています。脳の視床下部の真上にある海綿静脈洞内の血液量の変化と鼻からの空気量によって、気分に影響しています。

嫌悪の表情で上昇し、ほほえむと温度が下がって楽しい感情になります。すなわち、自律神経（海綿静脈洞）↓（血液量の変化＋鼻の空気量の変化）↓顔の表情筋の変化↓気分に影響するという仕組みです。

六．老け顔

心は身体の真似をするので、良いことがあるから笑うのではなく、笑っているから良いことがあるのです。別れ話で落ち込んでいても、陽転思考で肯定的に受止めると、「一人の女性と別れたことは、次のチャンスとして、全世界の多くの女性に巡り合える」ことでもあるのです。

メソメソ考えて悩むよりも、ケセラセラと笑顔でいると、思いが吹っ切れ、新たな道が開けるものです。深刻な悩みや不安は心身共に百害あって一利なしです。

人は皆、明るい笑顔に引かれるからなのです。

私自身も幾度かそのように考え、深刻な悩みを回避して「生きる知恵」に変えてしぶとく生き延びてきました。眉間の皺（皺眉筋）は、老化物質を分泌しますが、笑顔を意識的にでも作ることで、快楽ホルモンが分泌され、顔の老けがなくなるのです。年中眉間に皺を寄せている人は、本人は気付かない残余緊張を習慣化しているからです。表情筋を意識的に活性化させて、仏頂面をなくすることを心がけると若く見られます。顔の筋肉運動を実行して、スタイリッシュエイジングを心がけましょう。
（一）脳の血液の温度変化：表情が変化すると、次の二つの変化による脳の温度変化が起きる
①海綿静脈洞の血液温度が変化する。
②感情に関係する物質の量が変化する。
両者によって、温度が低下した時、楽しい感情が起きる。

つまり、笑いによって脳血流量の変化が計測されたのです。

結果から、次のことが結論づけられています。

笑った人は、左右の大脳半球の血流量が増加。それは左半球の方が大きく、笑わなかった人は血流量は減少したという結果です。笑いが脳に与える影響の実証から、先ず、言語脳である左脳の血流が増加し、イメージの右脳も同時に増加すると言うのです。思考が活性化して、陽転思考にシフトして、ゆとりが生まれるのです。
（二）感情と行動の関係の考え方：感情と行動に関する常識的な考え方としては、次の構図が一般的です。
①刺激（熊）↓　感情（恐い）↓　身体反応「生理的反応」（手足が震える）と考えられるのですが、
ジェームス・ランゲの末梢神経起源説では、次の様に逆になって、

②刺激（熊）　↓　身体反応（震える）　↓　情緒（怖い）という恐怖の情緒を感じるということで、恐怖から逃げるのではなく逃げるから怖くなる。手足が震えるから怖くなるという学説です。

この面から、笑いについて言えることは一般的に次のように考えられます。

A．刺激（おかしい状況）↓　感情（おかしい）↓　身体反応（笑う）

B．刺激（作り笑い）↓　身体反応　↓　感情（本当におかしい）

＊笑いのポーズ（形）＝笑いの感情を惹起《じゃっき》する。

＊原因（笑いのポーズ）　↓　結果（笑いの感情）

可笑しいから笑うのではなく、笑う真似をするうちに本当に可笑しくなり、可笑しい時の反応になってきて、楽しい気分になる。思えば小さい頃、恐い夜道を歌を歌いながら、「恐くない」と言いながら歩いた事を思い出します。アメリカ大統領のリンカーンは船で嵐になった時、逃げ惑う乗組員を尻目に歌を歌いながら櫓舵《ろかじ》をとる船長を見て、その理由を聞いたら、「恐いのは皆一緒であるが、平気な顔をしないと逃げ出したくなる」と聞いて、勇気のポーズを観察学習したといいます。

従って大脳は本当の笑いと作り笑いの選別はしないので同じ効果が見られる。

笑いによって難病中の難病である膠原病の一種である強直性脊髄炎を笑いによって完治して、その体験をまとめた「笑いの治癒力」の著者である、ジャーナリストのノーマン・カズンズ氏は有名です。

氏の日本との関係では広島の原爆乙女をアメリカに連れて行って、形成手術を受けさせたことでも知られています。

今では元気で大活躍していますが、一九六四年にソビエトでの文化交流の仕事で疲労困憊の上、宿泊していたホテルの騒音で不眠等が重なり、体調を崩し、帰国後身体の痛みが続き、更に悪化していきました。とうとう手足まで、動かなくなったのです。

この時、主治医からは治癒率五〇〇分の一の確率のこの難病にサジを投げられてしまったのです。

その時、氏はひとり思いをめぐらす内に、欲求不満や抑圧によって副腎の疲労から関節の病気を招くという、ハンス・セリエ博士の学説を思い出しました。

そこで、今、落ち込まず明るい気持ちを持つために、映写機やフィルムを病室に持ち込み試してみました。効果はてき面で、一〇分間大笑いをした後は、二時間は痛みが消え、眠る事が出来たのです。この時、血沈の改善がみられました。

医師の薬は一切断って、副腎によいビタミンCのみを多く摂りました。

この方法は医師を必要としないばかりか、むしろ病院では都合が悪いので、病室からホテルに移ってこの方法に専念したのです。

その結果痛みは急速に軽減し、数ケ月で奇跡的に職場復帰を果たし、医師たちをびっくりさせました。

この体験を医学雑誌に投稿した結果、反響を呼び、各方面からの講演依頼が殺到し、アメリカ医学界でも「笑いの治療効果」に関心が向けられ、笑い講習会が各地で開かれたのです。

笑いはオカシサに対する反応であると云われます。おかしいのは、お互い全く異なった事態が同時に起こった時に起こる感情です。

たとえば、ＴＶの「ものまね大会」が好評なのは、本人とまねをする人が全く別人であるのを知っているのに、それが同時に起こるからなのです。

真面目な顔で威張って歩いている人がバナナの皮を踏んで転ぶのがおかしいのも、真面目な動きに突然別の動きが加わったからです。

全く別の事態が同時に起こると、一つだけの頭では緊張を強いられるので、全身のけいれん運動を起こして吹き飛ばす作用が笑いであると言われます。けいれんの後は全身が緩みます。緊張と緩和です。

横隔膜もけいれんさせると、心像や血管にも圧力が及び、血液を介しての内部からのマッサージ効果になります。

このような理由から、病気に対して固く構えた緊張が緩めば、自然治癒力が活性化してスムーズに働くようになるのです。

日本でも、医療の世界で笑いを導入して効果をあげている実例が多く見られます。神戸の尾原病院内の「お元気寄席」は院長自ら白衣を着物に替えて高座に上がり、患者さんや看護士、見舞い客などの来院者を相手に昭和六〇年から続いていて、病院の雰囲気や患者さんの回復度などの成果が報告されています。笑わない人は病気が治っても退院させないそうですから、無理に作り笑いを作っている内に病気に対する姿勢や人生観が変わってくるそうです。

七．笑いを治療に導入したセラピストたち

ユーモアを前向きな心理的な治療の道具として活用した学者には、先ずフロイトがいます。フロイトは緊張軽減理論を提唱し、ユーモアを「自我の勝利者」として表現した。アドラーの言葉には「自分を微笑させようとすると、実際に微笑したくなる」法則を見出し、フランクルは「笑いは薬の数倍に等しい」とまで言っています。

パールズまで、治療を高めるために適切なユーモアが不可欠であることを強調しました。

また、論理療法のアルバート・エリスは、主観的な深刻過度症の心理的免疫性を高めるのは笑いであると強調しています。笑いは問題除去の助けだけでなく、人間的な成長の糧になると経験的に知っていたのです。カウンセリングでも感情移入のきずなを深め信頼関係を築くのです。

カーライフは「心から笑ったことのない人間は、もはやどうしようもない」と切り捨てています。

第六章　笑いの相乗効果

一．笑いと怒りの相関関係

少憤多笑（健康の秘訣）、怒った時でもニコニコしていれば忘れてしまう。笑いが多くなると怒りは減少する傾向にある。つまり、笑いと怒りは反比例するということです。

笑いは怒りや恐れといった感情と違い、高級で人間らしい感情表現です。

人間は、同じ感情を共有できないので、怒りの感情も、笑いの動作や表現で消失していくという訳です。怒りながら笑える人がいたら、すぐパプ～パプ～（救急車）を呼ぶべきです。

ストレス軽減は逆説的に言うと意識的に笑いを作る事です。

以上の理屈から、笑顔を作ることによって、楽しい気持ちになるという訳です。

ですから、気の合った仲間同士での雑談による笑いが、気持ちをすっきりさせてくれるのです。楽しいから笑うと同時に、楽しくなくても笑顔作りに励む事で、人間関係もよくなり、ストレスが予防出来て、心身健康を維持していくことが出来ます。

腹が立ったら、こころの広い人のまねをする。フリだけで怒りや悩みが収まる。

相手からイヤミを言われても、誉めて返す。プラスのストローク（関わり）を返すと、イヤミに巻き込まれず済むのです。激しく「あなたが悪いのヨ！」と云われても「ウワ～、そんな言い方……好きだなァー」と受け止める。言われたことを受け取ってイヤな思いをするのではなく、相手の別の所を見て誉める。

聞きたくないものは聞かず、見たいものを見る。ユーモア精神があればこそ出てくるゆとりです。

愛は求めれば悩み、与えれば許し安らぎを生じるものです。これを知れば憎しみに悩む事はないのです。

怒り続けても相手は変わらないのですから、愛を他人に求めるのを止めて、与える側になればいいのです。英語の許すとはforgiveです。代わりに（for）与える（give）です。愛を求めるのを止めて、与える事を選べば憎しみが解けていくものです。憎しみで人を苦しめるのを止めようと決心して、笑いのコールで、深刻な固定観念から脱出することです。

愛情に依存する人は、相手にしがみついている証拠です。

森進一の歌を思い出して下さい。「♪死んでも～お前を～離しは～しない」。気持ち悪いです。

死んだ人が自分の服をつかんだまま死んだと想像しただけでも恐ろしいことです。

死んだ時ぐらい、離して欲しいと思うのが正常です。

二．笑っていけない商売は些少

世間広しといえども、笑っていけない職業は数少ないのです。

学校社会も笑いやユーモアが大いに奨励されるべきです。

日本人は、家庭や学校で、小さいときから、「人の笑いものになるな」とか「歯を見せて笑うな」などと笑いを抑制されて育ったために、ユーモアが欠如しています。私は結構、学生と言葉遊びを授業でも展開します。

先日もよく忘れる学生にテキストで頭をゴツン。学生が「何をするんですか？」ときたから、「これが、先制（先生）攻撃だ」と言ってクラスの皆の受けを狙ったのですが、落研（落語研究会）の彼は一枚上手でした。私からテキストを取り上げ、私の頭をゴツン。「きみ、何をする！」「ハイ、これが正当（生徒）防衛です」クラスの友人はドッと沸きました。

みじめでしたので、最後の力を振りしぼり、「お主、やりやがったな～」とおどけてみせましたが、余りに彼の一発が利き過ぎて受けませんでした。

でも、学校で笑いを共有できる雰囲気作りが大切で、教師も時に、言葉遊びに付き合う気持ちのゆとりが必要です。ユーモアのある先生が間違いなく好かれるのも、子供たちも笑いを求めているからです。

笑っていけない職業はせいぜい三つぐらいだと思います。

先ず、葬儀屋、坊さんです。葬儀屋が祭壇飾りながら、ニコニコして「♪たとえ～死んでもいいわ～」なんて歌いながら祭壇飾りの仕事したり、坊さんがポクポク木魚を打ちながら、ニコニコしてたら大変です。次に裁判官もあまりニコニコして「被告人を死刑に処す」なんて判決文を読み上げたら問題になります。あとは、産婦人科の先生くらいでしょう。患者さんが来たと途端に、ニコニコして「いらっしゃい、お待ちしていましたよ」なんて出迎えられたら、気持ちが悪いと言われます。

それ以外は、ニコニコしていて問題になる場合は少ないのです。

私は笑っていけない時、笑いがこみ上げて辛い思いをした事があります。

おかしいのを笑わずに我慢することは、一種の拷問だと思ったのです。

人間は、意志と感情が逆行する時があるのです。「あがるな」と意識過剰になって、かえってあがって失敗したとか、これを心理学では「意思逆転の法則」というのです。

私は普段から軽率な先輩と友人の祖母の葬儀に参列しました。

私の前で焼香した先輩が、前方ばかりに気を取られ、焼香の種火でヤケドしたのです。

「痛い！」と叫びながら、手を盛んに振って、合掌した手を神式スタイルで拍手《かしわで》して立ち去ったのです。次が私の焼香の番です。内心「先輩のバカヤロウー」と思いながら、おかしくて前が見れないのです。必死に笑いを堪《こら》えて、うつむきながら焼香を済ませて、その場を立ち去り難を乗り切りました。

笑いを堪《こら》えることは一種の拷問で、体によくないと思いました。

後日、職場に出てきた友人が神妙な顔をして私にお礼を言ったのです。

「橋元、ありがとう。君が一番、僕の気持ちを察して、悲しんでくれた様子が焼香の時、よく解かった」

本心を言わなかった私は、今でも何年来、彼と深い友情が続いています。

三.笑いのある人生（私と笑いの出会いから）

日本人は昔から国民性として、どちらかといえば笑いやユーモア精神に欠けていて、むしろ涙や感動にひかれがちです。

しかし、色でも一色では深みがないように、人柄もいろいろな要素が入って多面性、多様性に富んでいた方が人間的な魅力があり、人に好かれ、多くの友人に恵まれます。

私は長年の教員生活の中で出来上がった自分の殻を破るために、思い切って、社会人による四日市落語研究会のメンバーに加わりました。

初高座は、今思い出しても冷や汗ものでしたが、年四回の公演には欠かさず出演しました。

お陰で三〇ほどの演目も覚え、時には学生の前で机が高座に変わるときもありました。教員と言う堅苦しさより本音の自分で接する方が、心が通うようです。私は生徒に言葉遊びの中から、心のゆとり、豊かさ、ユーモア精神を身につけて欲しいと思っています。

昔は、非行青年は貧困から生まれたと言われましたが、今は違うのです。

彼らは笑いのない家庭から生まれています。

口うるさい、夫婦げんかが絶えないなど、いたたまれず明るさを求め、それが非行へと流されていく場合が多いのです。人生には辛い事や嫌な事も多いですが、外であった不愉快は、家に帰れば靴と一緒に脱ぎ捨てるべきであると思います。

それだけの心のゆとりが欲しいものです。

そうしたゆとりが笑いの基になります。何よりもまず、自分が良く笑う人間になる事です。自ら笑えない人間から笑いは生まれないのです。

人間の欲望には際限がありませんが、金や物より笑いのある人生を心掛けることです。

それが、自らの生活に必ずプラスとなるのです。

落語の影響を受けたのは、素人落語会で出会った谷伸治（芸名が五尺坊申司）さんの影響です。

彼は高校の時から落語の世界に魅せられて、社会人落語大会に毎年参加して何度も優勝している方です。私の様に広く浅い趣味ではなく、彼はこの道一筋の徹底した趣味人で、結婚する時に落語ファンの奥さんに「落語をやめたら離婚する」と言われて結婚したというのです。

奥さんが嫌いになったら落語をやめればいい訳ですが、今だに落語をやめられないのは、よほど奥さんが恐いか愛し続けているからでしょう。

奥さんを愛する彼は、仕事の休みの時、各所にボランティアで出前落語で活躍しています。

また、私の大好きなプロの落語家は、郷里が同じ三遊亭歌之介師匠です。

直接、お会いしたのが高校生に落語を聞かせる地元での講演会でした。

あれ以来、高校生の落語ファンが増えました。授業中はよく居眠りする生徒がいますが、笑いの雰囲気に引きずり込む師匠の話術は天才的だと、生徒と一緒に聞いていていて、しみじみ思いました。

やはり、教師も授業の創意・工夫とユーモア精神を身につけねばならないと痛感します。

各研修の講師で学校に呼ばれて、学校の先生の不健康状態が解かります。

ユーモアへの反応が希薄なのです。腕を組んで生真面目に聞いている。

笑う先生が参加すると、雰囲気が違いこちらまでホッとします。

笑いやユーモアのない教師から直接授業を受ける生徒の立場はなおさらだと思います。

私も、歌之介師匠の口調や間の取り方、話材を活用して、心理学講義に学生を沸かすことがあります。

自分がペースに乗って授業をすると、以心伝心で学生の反応が違うと思い、「教育には聞かすための創造と工夫が大切である」と歌之助師匠の落語を聞いて痛感するようになりました。

もう一人影響を受けたのが、話し方教室の江川ひろし先生の話し方です。

「必要なことを、必要なとき、必要なだけ話す」能力の大切さを強調され、現代教育に欠けていて一番社会人として必要な能力である様に思います。

話術もユーモアも、「継続は力なり」の言葉通り、意識的に活用し、工夫し、視点を変え、挑戦する事で、笑わせ上手な能力を開発し、自分の心の豊かさと対人関係づくりを心掛けることです。

四．笑いのある家庭

男性に「どんな女性を奥さんにしたいか？」と聞くと、一番多いのが、綺麗な人、頭のいい人は出てこないのです。読者の女性の皆さん、安心して下さい。一番多いのが明朗快活な人なのです。

明るくないといけないと思います。家庭が暗くなります。

不思議と子供はおやじが病気で休んでも案外平気ですが、お母さんが寝込むと途端に元気がなくなります。商売でも同じです。主人より奥さんが明るい方が商売繁盛です。

帰宅して「ただいま」。坊やが飛び出してくる。「お父さんお帰り、御飯食べずに待ってたよ」。折角、飛び出してきても、暗い顔して「待っていなくてもいい、サッサッと食べろ」とやったら、子供はどんな表情で食卓につくでしょうか。そんな食卓だったら、山海の珍味が山ほどあっても、父親の顔色を伺いながら黙りこくって食べる食卓は豊かな食卓とはいえません。食べる物は僅かでもいい、お父さんが自分の方からユーモアの一つでも言う。「ホォ、待っていてくれたのか、ありがとう、一緒に食べような、いただきま〜す、オオ今日はご馳走だ、エビフライか。オイ、ケン坊、このエビはメスかオスか知ってるか。みんなメスなんだ、何故だかわかる、オスは全部が薬になるんだ。エビオスと言ってな」。「何だ、お父さん、一杯食わせたな」「一杯でも、二杯でも沢山食え」「じゃお父さん、僕が問題出すよ、動物の中でメスのいない動物な〜んだ」「いないよ」「それがいるんです」「何だそれは」「象だよ」「馬鹿だな、象はメス、オスいるよ」「だって、象印エアポットはオスだけって言うじゃない」なんて馬鹿げたことでも、言葉遊びのかけあい等で親にゆとりがあると、家庭は明るくなります。

朝日新聞投書欄に菅原朝子ちゃんという一年生の子供から次の投書がありました。

『玄関をトントンと誰かが叩いた。ママが誰か判らないから、名前を聞いてから開けなさいと言った。私は「どなたですか？」と聞いた。「パパですよ」と言う声が聞こえた。本当かなと思って、「名前は？」と聞くと、「菅原大五郎ですよ」と言った。「声は似てるけど、ハゲある？」と聞くと、「ちょっとあるよ」と言った。私は本当だなと思って玄関を開けた』

このように、子供とゆとりをもって遊びができるお父さんは素晴らしいと思うのです。子供にペース合わせが出来ず、自分の感情が先行して怒り出すお父さんでは、子供の豊かな感性を摘み取ってしまいます。

また、次の作文は佐野美代子ちゃんという四年生の女の子ですが、せめて家ぐらいでは楽しくしよう、外の不満を家庭まで持ち込まず、靴と一緒に脱ぎ捨てる明るい家庭作りを痛感します。

「幸せなら手を叩こう」という歌がありますが『父は帰っていた。戸が開けっ放しで、お父さんの声が家から聞こえてくる。幸せなら手を叩こうを、お父さんがTVに合わせて歌っている。私が家に入ると、私の手を取って踊っている。よく見るとお酒を飲んでいるらしい。「お父さん、何かいいことあったの？」私は聞いてみた。父は家中、走り回っている。何かいいことがあったのだなぁ。私は安心して寝た』理由は判らないけれども、お父さんが踊って、歌って、喜んでいる。

「ああ、いい事があったのだな」と心安らかに子供は眠りにつけるのです。

ところが、帰ってきても、ブスッとしている。何か悪い事が起こらなければいいけれども、常にビクビクして、震えた表情の子供に育ててしまいます。

ユーモア精神はユーモアを愛する家庭から生まれます。上品なシャレを楽しもうとする家庭に育つ子が、はじめて本当のユーモアを理解するようになります。ロッド・A・マーチン博士は「成長期に見られる日常ストレスに対するユーモアの効用」で、健全なユーモア感覚は幼児期のストレスを効果的に処理する為に子供が対抗手段として用いるレパートリーの要素で、幼児期に会得したユーモア感覚は成人になって大いに役立つと力説しているのです。

子供はメーラビアンの表情研究の通り、親の表情を敏感に見ているものです。無限の欲望を追い求めるだけではなく、私は無いから言うわけではないですが、家庭の明るさは子供にとって大切なのです。

そのためにも、スマイルは心のゆとりを招き、気持ちを豊かにする効用に通じるのです。

五．笑いと教育

教育とはエデュケーション（education）＝引き出すとの意味があります。

学校社会には笑いが抑制的で、ストレスの檻《おり》になっています。本来、子供の笑いの能力開発の場であり、笑いに対する態度や価値観の形成を育む教育が必要なのです。

先生が言葉遊びを通じて、生徒の面白い言い回しに乗って、そうした生徒を引き立て、皆で笑える笑いは大いに奨励してやることが必要です。時には、先生が笑われ役を引き受ける。率先して先生が笑われる対象になって、それを生徒と共に笑えるゆとりが欲しいものです。

決して、そのような先生を馬鹿にするどころか、生徒も心を開いてくる。

笑いを抑制するとクスクス笑いの蔑笑を覚えてしまいます。発言して間違うと他の生徒が笑う。その時、間違った生徒の勇気が大切で、間違っても決して構わない雰囲気づくりが必要です。

人に笑われない教育の弊害は、挙手しない、間違いを犯さない、目立たないことで、笑いの対象にならない自己防衛を学習させてしまうのです。

失敗をしても、間違っても目立ってやろう精神を持たせることの方が遥かに教育的です。

笑われることを恐れない、むしろ笑われたら笑いをとった優越感を持たせ方が良い。

教室の中が笑いに満ちて、明るければ学校は楽しいに違いありません。

笑顔（スマイル）のない、笑いに反応できない子供は、緊張しているか、ストレスが高じているサインです。先生の笑いに対する態度が生徒に大きい影響を及ぼしていることを、教師自身が意識して欲しいものです。笑いに対して禁欲的、抑制的態度が強いと、笑いが抑圧された分、別のところで、噴出して、暗くて陰湿なものになってしまうのです。

私は、不登校児童・生徒に関わりを持っていますが、「いじめ」の一つに相手を笑う、笑い者にするという態度が見られます。笑いは共通の話題で、クラス全員が一緒に笑うのが優れて良い訳ですが、「笑う・笑われる」の関係では「攻撃の笑い」が問題になります。

しかし、回避できないこの種の笑いも、攻撃の目標を何処におくかです。

人間は笑えない場合が存在します。それは相手の悲しみや辛さに共感したり、同情した時です。人間の本質的な欲求として慈愛心という相手への思いやりの心があるのです。

人前で失敗は許されない、弱みは出せないというこだわりから開放され、笑われることへの耐性をもつことです。それには、笑われることも大切であるとの発想を教育の場で育てる事です。

自分の失敗で他人が笑えば、自分も一緒に笑えるゆとりを持つ為にも、教師の笑いの捉え方が大事です。そのためにも、笑いはストレス緩和やいじめ防止にも大変な効果があることを認識して欲しいものです。同様に、大人社会の職場においても、笑いに対する禁欲的な教育の悪弊から脱皮し、人間関係や自己の精神衛生上にも笑いが不可欠であることを認識して下さい。

笑う能力とは、裏返せば強く生きていく能力のことです。笑いやユーモアには人生を切り開く底力があることを教師自身が再認識して、それに見合うユーモアを創り出す能力を生徒が開発するよう支援する認識が大事なのです。

大学でも、学生に授業評価を求める大学が増加しています。この評価に色々な理由で反対する教員が多いのですが、授業の対象である学生のフィードバックがあって、良い意味で教師の授業方法の改善点を把握できる機会ではないでしょうか。授業方法を誰も指摘してくれない事は、工夫や反省の機会を失い、学生が机を抱えて瞑想状態でも気にならない授業では意味がありません。

教員も学生を評価する以上、双方向の学生も授業評価して、一方的調査でなく学生に見える形で結果が還元されねばならないと思います。

「どんな授業に積極的に出席したいか?」の中日新聞のアンケート調査を見ても、「実践的で、先生の雑談や面白い授業」の回答が圧倒的に多いのです。

眠りやさぼりを解決するには、大学は学生の授業評価を実施して、学生と共に、より魅力のある授業の実施を目指す必要があるように思うのです。

私自身も、生真面目な教師生活からの、身についた固定観念から脱皮するために、笑いを求め、異職種との方々とも交際の輪を広げ、多くの事を学ぶ機会を大切にしています。

授業も対象の生徒・学生の聞き手に決定権があり、伝わってこそ意味があるので、導入、展開の創意・工夫を常に試み、専門性と話術を磨く心掛けをしています。

日本笑い学会の某大学の医学部の教授の話です。教授は医学生を前にして、テーブルの上に置いたある乳白色の不透明な液体が入っているビーカーを指差しながら次のように言いました。「ここに入っている液体は糖尿病患者のオシッコです。一種独特の甘酸っぱい味がします」と言って、指を突っ込んでペロ~とその指をなめました。学生たちはお互い顔を見合わせた。すると教授は「君たちもやってみたまえ」学生たちは、戸惑っていたが、一人が決心したように立ち上がり、目をつむって指を入れ、その指をなめました。以下、順ぐりにやりはじめ、とうとう最後の学生が終えたとき、教授は言った「医者になるには勇気が必要だ。メスを持つ勇気がなければ、メスを振るうことはできない。しかし、医者にはもう一つ大切なものがある。それは細心の注意である。わずかな兆候も見落とさない注意力が要求されるのだ。実は、私は人差し指を中に入れ、なめたのは中指だったのです」それから、学生たちがその教授の授業は油断して瞑想にふける学生がいなくなって、二重の効果があったそうです。

第七章　元気で長生き健康法

病気と病身とは違うのです。最初に気が病んで、次に身体が病むという順番があります。心に気力がある内は体力は病まないからです。

今は病気でないけれども、そのような生活を続けていると何れ本当の病気になるという未病の心構えが大切で、未病を癒す特効薬は笑いです。医者は癒者とも書き、患者の患は心に串刺しと書き、心に串が刺さった状態で心の気を失い本格的な病気になるのです。

だから、人に会った時、あなたは「健康？」と聞きますか。やはり「元気？」と言う筈です。気が先なのです。人間の健康は食・動・息・思の四つが揃って初めて心身ともに健康といえるのです。それについて述べてみます。

一．食（食育）

食べ方や食べ物の知識、つまり食育について述べます。食という字を分解すると「人に良くする」と書き、「人良」となります。「禍は口より出て、病は口から入る」といいます。

現代は飽食の時代で、小学生にまで、生活習慣や食生活に起因するⅡ型糖尿病がいる時代です。糖尿病も栄養過剰であるとともに、心の持ち方に原因しているのです。医食同源とは、食べ方の誤りは病気の基であるという意味です。食養生が大事で、動物実験でも腹八分が長生きのデータが報告されています。「癌」という字も分解すると「口から山ほど食べる」と書きます。

胃ガンをはじめとする消化器ガンは、特に食生活と深い関係があります。

食生活は子供の時からの生活学習です。現代っ子はインスタント食品に慣らされ、味覚が鈍感になっています。近年、「スローフード」とか「食育」と言う言葉が使われますが、スローフードは一九八九年にイタリア北部の小さい町で誕生したＮＰＯの運動で、郷里の伝統食品を守り、味の教育等の推進運動から来ていますが、食育は知育・徳育・体育と共に子供たちが人として成長していくに必要な教育との位置づけからきています。仏教では昔から、人間形成への道の一つとして食の位置づけがあるのです。僧侶の食事に始まる食事作法や、多くの人々の苦労によって得た天地の恵みに感謝すると共に、食事は肉体と精神を作る良薬ゆえに、ゆとりをもって楽しい話題を加えてニコニコして食事をしなければなりません。給食中に説教をする教師や食事中の小言をこぼす親を見かけますが、食育教育上もマイナスです。誉める事は食卓でするように置き換えた方がいいのです。

食事方法も、一日三食がパターン化していますが、これが定型化したのは江戸時代の元禄の頃からといわれています。昔は朝飯抜きで労働に励み、一仕事をして充分空腹になってから食事を口にしたのです。相撲取りでも、早朝練習の後が朝食です。

欠食児童を問題にしたり、一日三食を奨励する向きがありますが、新陳代謝が全く違う成長期の児童や、運動して朝食がとても美味しい人は別ですが、食欲のない早朝、ご飯を詰め込んで、満員電車に揺られて通勤する方が身体に悪い気がします。一日、朝の一飲（野菜ジュースなど）と昼の補食、夕食の充食です。午前中の活動エネルギーは前日の夕食で満ち足り、排泄時間帯の朝は胃腸を休ませるのです。

朝は毒素や老廃物の排泄器官が働く時間帯で、就寝中は排泄器官も休息している時間帯です。朝食を食べれば尿に老廃物が出なくなるとの学説があるのです。ウェーバー博士によると、朝食を取らず、一日一食～二食で腹八分で、野菜や活性水素水を取るのが身体の健康には必要であると言われるのです。

二四時間の内、最も脳と筋肉の生産性が効率的な午前中は、野菜ジュースなどの水分とビタミンを補給して胃腸を休ませ、生産を行う脳と筋肉に十分な血液を与えて排泄機能を促進させます。夕食を取っていれば肝臓に蓄積されたエネルギー源で午前中の活動は十分です。

朝食の効果を主張する調査は、普段、朝食を取っている傾向の被験者を、実験のために一時的に朝食を中止させたりしての比較調査なので実験のバイアス（歪み）がかり、妥当とは言えません。

普段から朝食を取らない人と取る人の比較が妥当です。

飽食の現代社会で、年齢に関係なく朝食を奨励するのも考え物です。

私は大食家ですから、これを実行していて結構快調です。一日の食事の総量を減らすのは、排泄機能が効率的な朝がいいようです。

江戸時代の元禄頃までは、日本人は一日二食が通例でした。午前中の活動のエネルギーは前日の夕食で補い、排泄の時間帯である朝は、胃腸を休ませる休食の時間帯です。

朝起きたら、腹一杯食事して野山や漁に出掛けたのではなく、お茶と梅干や味噌をなめて出かけて、一汗かいて空腹で帰ってから、やっと昼食で捕食をしたのです。そして夕食に必要な栄養は、体を構成し整える求食を感謝の気持ちで頂いたのです。つまり、一日一飲二食の食事パターンです。

中国からおかゆを紹介されてから、流通機構が進んだ江戸の武士に脚気や帝王病が増えたのは言うまでもありません。聖路加病院理事長の日野原重明先生（九十五歳）や銀座のママ有馬秀子さん（百五歳）など長寿者は、朝抜きや軽食の方ばかりです。

内閣府の検討会は、国民の食生活改善と健康増進のため、欠食児童〇％を目指しての食育計画案を出しましたが、育ち盛りの児童・生徒は新陳代謝が違うのでいざ知らず、中高年の中性脂肪や血糖値などが高い人を指す「メタボリック症候群」の軽減には、朝抜き又は減食は効果があります。

英語のブレックファースト（朝食）のブレックは絶食で、絶食後の初めての食事だから、ファーストなのです。強制換羽とは、卵を生まなくなった鶏に十二日間の水断食をすると、瞬く間に羽根が抜けて、新しい羽に生え変わります。その時から、食事を与え始めると再び卵を産み始めます。これは、飢餓という強いストレスに晒《さら》されると遺伝子レベルのスイッチが切り替わるためです。病気でも、昔から「病気を治すな己を直せ」と言います。生き方が変わると体の反応に大きな変化をもたらす所以です。

私も学生から時々コンパの誘いがかかりますが、「先生は今は病気なので無理が出来ない」と断ると、学生達は「先生、何の病気ですか？」と心配してくれます。「先生の病名はアルチューハイマー（アルツハイマー痴呆）なので、早く帰宅して口から点滴をたっぷり受けないといけないから、残念ながら君達にはお付き合いできない」と言って断っているのです。

朝食を抜き、夜食はたっぷり食べますが、それだけで減量してスマートになりました。ですから、食事方法や睡眠時間など、余りマニュアル化した方法にこだわる必要はなく、自分に合った方法で改善していけば良いように思います。

そして食事中は、笑いを伴う楽しい気持ちで、食事をする心構えが大切です。

ガリガリ怒りながらやメソメソ泣きながらの食事は、本当の活力源にはならないものです。

二．動（体育）

運動やスポーツによる健康法です。人間は動物ですから身体を動かさないと退化します。

散歩や人と競争しない程度の運動です。心拍数＝一九〇マイナス年齢が目安で、うっすらと汗をかく程度の運動です。

健康の秘訣は出すことが原点です。汗を出す、呼吸・息を出す、声を出す、智恵・アイディアを出すことです。継続は力です。現代人は老廃物の発汗作用をクーラーで制御して出しません。

ジョギングの創始者のフィックスさんは心筋梗塞のため六一歳で急死しましたが、人と競争しないマイペースでないといけないとの教訓です。

私の知る健康な高齢者は、朝起きてすぐ布団を離れる事はしません。

布団の上で、起床前軽体操のウォーミングアップを実施しているのには頭が下がります。身体のひねり、三つの首（首、手首、足首）の運動、寝た状態での自転車こぎ（ヒザの屈伸体操）、両手の開閉運動、ひざ体操や真向法、丹田呼吸法などを行なって最後の仕上げは顔の表情作り、眼球運動をして身体を覚醒させて、ゆっくり布団を離れるといいます。

また、就寝の場合でもバタンキューではなく、整理体操等でクール・ダウンしてから安らかな眠りにつくようです。健康にも意識的努力が生活の中に見受けられます。

身体を動かすという行動体力の低下、適応力や抵抗力を備える防衛体力の低下は病気とつながります。筋力の衰えは病気を作ります。体重の半分は筋力で、体温の四〇％以上は筋肉で作られ、その筋肉の七〇％以上は下半身にあります。下半身の筋肉を鍛えることは、本来の体温にするエネルギーが作られます。筋肉（体内の発熱装置）の低下＝低体温化＝免疫力の低下という構図から、病気への抵抗力が減殺され、脚（下半身）の衰えは筋肉の衰えとなり、脚は第二の心臓とまで言われポンプ作用をしています。

体温が一度下がると免疫力が三〇％低下します。ガンと戦う白血球は低温では無力です。

現代人の特徴は、歩かない、動かない、汗をかかない、笑わないのです。

三．息（呼吸法・息育）

息＝生きることで呼吸です。息という文字は自らの心（感情）と書きます。呼吸（息）と感情とは密接な関係にあります。

呼吸は自律神経（心臓や内臓）と運動神経（意思）を二重に支配しているので、寝ていても活動し、また、意識的な深呼吸も可能な訳です。

シュルツ博士の自律訓練法などの訓練で、心臓や胃腸までもコントロール出来るのです。私は自律訓練法や呼吸法の指導も長年行なっています。

息を吐いて身体の緊張を解くことで、筋肉の緊張の緩和が心身を一体にして防衛機能が働きます。それにより、自然調整機能が働き、自然治癒力がアップして元気になるのです。

呼吸と言いますが「呼（吐く）吸（吸う）」のように吐く方が先なのです。吸うのは自然に吐くことに連動して起こる現象で、大事なのは吐く（出す）ことなのです。健康の基本は出す（吐く）ことで、汗、排泄、声、知恵、言葉、悩みは出すことで解消します。風邪をひくと、熱、セキ、タン、鼻水、汗を出して回復します。西洋医学では薬などで抑えますが、「出す」という現象を促進するのが「熱」です。笑いや歌で「心の熱」を上げると、心が晴れやかになります。

笑う時は「ハッハッハッ」と吐く息で笑います。

吸いながら笑える人が見えたら、会いたいものです。

顔をニコニコすると心もリラックスして、身体のリラックスが出来るのです。泣く時は、すすり泣くというように「吸う息」で泣くのです。

怒る時も一遍吸ってから「バカヤロウ！」と来る訳です。ですから、ガリガリ怒る人やメソメソ泣く人は短命な方が多いのです。

吐く息は自分の意識で吐くのですが、吸う息は意識していません。

宇宙のエネルギーに生かされているのです。

息をユックリ前に出すことを「長生き」と言うのです。前に息を出せない人は「吐かない（はかない）」人です。人間は息を前に出している内は死ぬ事は絶対にないのです。自分の意識で出しているのですから、人間息を前に出さなくなった時に「息を引き取る」という語源がここにあるのです。

某医学博士に伺いました。「先生、呼吸とは何ですか？」「それは吐く息と吸う息だ」「先生、それは解かっていますが、他に何があるのですか」と訊いたら、「屁（へ）がある」と教えてくれました。「屁（へ）」は健康のためにはやった方がいいそうです。年号も「へいせい（平成）」と言うぐらいです。

でも注意して欲しいのは「エレベーターの中だけは我慢して下さい」。この前に事実あった話です。エレベーターの中の人間観察をしていて解かったことですが、自分の下りる階のボタンを押すと、皆が上の表示に注目しています。

そしたら、後ろの方から「プゥ〜ン」と聞こえてきましたが、誰も真面目な顔で上を見ています。私は次の階で降りたかったのですが、あの状況では下りれません。もし下りたら、犯人にされるからです。我慢して最後まで乗っていたのです。本当は私が犯人だったのですが。

もっと健康状態がいい時は、風呂の中で屁が出るそうです。

皆さんも風呂の中で屁の二、三回や二、三〇〇回は経験がある筈ですが、男女の風呂の中での屁の出方に若干の相違があることも伺いました。

男が風呂で屁を出すと、その屁は背中をプクプクと上がるそうですが、女性の場合は反対に前のほうから上がってきて鼻先でプワッとはじけて、実に香ばしい香りがするそうです。何故男女で屁の出方が前後に分かれるかを質問したら、博士の説明では、男も一度は前にいくそうですが、障害物（?）にぶち当たり、後方から出るのだと説明されました。前から上がってくる男性は、よほど障害物が貧弱な証拠です。なるほど、私も最近、前方からの場合が多いことから、この説は妥当性・信頼性があると納得しています。

四．思（想・知育）

これは心の持ち方、考え方が人生を変えるといわれます。

鏡に映る自分を見て、鏡が「お前はブスだなぁ」とは言いません。

ブスと思ったり、解釈しているのは自分自身なのです。そして、悩み、怒り、悲しむのは鏡のせいではなく、自分の考え方や感じ方のためなのです。

京都五条の「泣きばあさん」は二人の息子がいました。長男はげた屋（履物屋）で、次男は「かさ屋

（雨具屋）」でした。雨が降れば泣きばあさんは次男の「げた屋（はきもの屋）」の息子の商売の事が心配で泣き、天気になれば次男の傘屋の息子の商売の事が心配で年中泣いていたのを、通りがかりの僧侶が否定的な面から、肯定的な面を見て暮らす視点の転換をさとされ、明るく暮らしたとの話があります。

マイクロカウンセリング技法を編み出したアイビィは「意味づけ」として行動・思考（考え方）・感情（感じ方）はお互いに影響しあっていると主張しました。行動を変えると↓思考（考え方）が変わる↓感情が変わるという様に機能して、それを自分がどのように「意味づける」かで、生き方や期待や人生観、価値観の要となると主張しました。

離婚一つとっても、ある人には恥じや人生の敗北と感じられ、また他の人にはやっと獲得した自由ととり、その解釈によって様々な喜怒哀楽の人生が展開するのです。

先日、「笑い学会」の行事が古い建物の劇場を会場にして行なわれました。

その時、トイレで用を済ませて立ち上がった私は上に設置されている水洗の水槽で頭をゴツンと打ちました。自分の不注意は棚に上げて、腹立たしい思いでトイレを出ようとして、ドアのノップに手をかけた時、その上に落書きがしてあったのです。何だろうと思って読んだら「痛かったでしょう」と書いてあって、私は思わず頷いたのです。

そして、頭の痛さはどこかに消えてしまったのです。その時に思いました。

落書の是非は別にして、あの落書の主は偉いなぁと思いました。

彼は先客として、同じく頭をぶっつけたのです。しかし、彼はそれを自分一人の悩みとして取り込まないで「待てよ、この構造からしたら、俺みたいなオッチョコチョイは必ず他にもいて、失敗するだろう、次の犠牲者のために書いて置こう」として、書くことで彼は癒され、私は彼の書いた落書を読んで、癒されたのです。悩みを抱え込む人は、自分の悩みは宇宙大に大きく、誰も解からないと決め込んで視点の転換が出来ない人が多いのです。ストレスを受けやすいタイプＡの人は競争心や敵意、成功意欲が強く、笑いのない人に多く見られます。

ユーモアのある人は、人生に対して余り厳しすぎる考えは良くないと指摘します。それは厳しすぎると、余り得にもならない事にこだわり過ぎて失望してしまうからです。

狭い視野に立ち、自らを限定し、全てを自己流に考えて結論づけることは何ら利益にならないものです。「楽しい」「悲しい」「空しい」の感情はどのような「ものの見方、解釈」をするかで変わってきます。ある名医の言葉に「明るい病人は治るが、治っても直らない病人がいる」と言っています。

人間関係でも、見方の違いが、その人の生き方や対人関係に大きな影響を与えているのです。

私はカウンセリングで、相談者が「先生、治るでしょうか?」と聞くから、「治りますとも」と言ってから、「いや、治らないかもしれません」と言うと「先生、どっちなんですか、治ると言ったり、治らないと言ったりして」と反発してくるので、「病気は治るのですが、あなたの考えが直らないと治らないでしょう」「では、私が治ると思えば、いいのですか」「そうです」「では治ります、これでいいのですね」「自分で、自信を持って云うのでしたら、後は時間の問題です。良かった」なんて、思考の転換を意識させたりします。自分で作った錯覚や思い込みが幸せの邪魔をする。幸せの本質は「自分が幸せを感じた瞬間」にすべて手に入る。幸せという現象は宇宙にはなく自分が幸せかどうかだけです。

人のあら捜しをしている以上、周りにはイヤな人の群れが集まります。天国も地獄も自分が作っています。決め付ける自分の心の持ち方によって、そういう現象がはじめて生まれます。イライラした瞬間にイライラさせる人が生まれます。この世の現象はゼロで、それをどう捉えるかによって悩みの原因が生まれるのです。

原因結果、善因善果、悪因悪果をエコーの法則と言います。意識が行動を作り、行動が習慣を作り、習慣が体質を作り、そして体質が運命を作ると言われます。行動を変えるには意識（己の心）つまり、言葉を意識的に肯定的な前向きに変えることです。

人生は考え方一つでオセロゲームです。生まれた時の人生の始まりが幸せの白丸。その途中のイヤなこと、辛い事の黒丸も、今幸せの白丸に感じた瞬間に、すべて白丸に変わる。辛いことが多い程、それを幸せの多さに変えることができるのです。

第八章　笑いとストレス

一．ストレスは人生のスパイス

適度のストレスは、セリエ博士の「人生のスパイス」というように必要ですが、過度のストレスを溜めないためには、仕事にも、人生にも、喜んで立ち向かう気持ちを持つことです。

グッドマンはものの見方には二つあるといっています。

①人生は真剣なものだ、頑張らないといけないという思い↓ストレス過剰↓病気になる。

②人生には笑いがある、ノンビリしようという思い↓ストレス解消↓健康になる。

どちらの見方をするか。例えば人生の出来事を笑いの種にする事で、違った風に見ることが出来るのです。

違った風に見ることで、違った風に振舞う事が出来ます。

つまり出来事を笑いの種にすることで、違った見方ができ、違った感じ方から、違った風に振舞う事が出来ます。認識を変えると現実が変わる訳です。笑いはこの変化を可能にする触媒なのです。

ストレスを「他人事」として考えてみる。「笑い」は他人のちょっとした困りによって起こるのです。

「ちょっとした」というのは「余り大きな困り」ではないことです。

チャップリンが「金持ちが滑って転んだら笑えるが、貧しい老人が転んだら笑えない」と言っています。自分の深刻な事も、ちょっと冷静に見たら案外とつまらない事も多いものです。

その「自分の困り」を「他人の困り」として見てみるのです。ストレスは思いつめる事で発生することから、その気持ちを解放する手段が笑いなのです。

心も身体も人なりの健康水準があって、適度の刺激に注意しながら、刺激を求めて積極的な生活をするように心掛け、ストレスをいなす知恵が笑いなのです。

ストレスに悩んだ時、思い出して欲しい三つの言葉は、「肩の力を抜く」「ゆっくり呼吸」「笑顔」なのです。

ストレスがかかると、脳の視床下部に伝わり、そこから発せられる情報が副腎皮質を刺激し、免疫力を落とすコルチゾールという物質を分泌させてしまうのです。

従って、慢性疲労に陥っている場合は、それ以上心身を痛めつけないように、癒しの方法として、より積極的な笑いを意識的に生活に取り入れる事を忘れないことです。

人間の心と身体は、ひとつの「いのち」であって、食・動・息・思が噛み合って良い結果が発揮できるのです。

二．究極の健康法

病気の原因は血液の濁り、停滞です。医学会の発表では「都会人と田舎人の健康度」を見ると、都会人の方が健康状態が良いのだそうです。

何故かといえば、その理由は都会人はよく歩くからだと言うのです。歩く事によって、仙骨を刺激して、血の循環をよくするそうです。同じように笑うのも身体の血行をよくして、健康には良いのです。

読者の皆さんに究極の健康法の秘伝をお教えしますから、密かに実行して下さい。

一番、いい健康法はこの双方を結び付けることなのです。

つまり「歩きながら、笑うこと」なのです。皆さん、良い事はすぐ実行しましょう。勇気があれば誰だって出来ます。

散歩も黙々と歩いている方は片手落ちです。折角の良い方法を実行しない手はありません。ただ、この方法には若干の欠点があります。友達が段々少なくなる事です。でも、自分の健康を取るか、友人を取るかの判断は皆さんが決めて下さい。

一番良いのは、朝日の昇る頃、爽やかな空気は宇宙のエネルギーが届きますから、その爽やかな朝日の中を「ワッハッハッ」と笑いながら歩いて下さい。

これ程、健康に良い方法はありませんが、真夜中は避けて下さい。

真夜中にこれを実行すると、救急車で運ばれる可能性が高いからです。

この健康法の実施に多少の戸惑いがある方は、自分が「笑いながら歩いている。それを周りの人が一緒に同情して笑っている」光景を強くイメージして下さい。このイメージだけでも、実際にやるよりかは若干効果が落ちますが、身体に反応して快楽ホルモンが出るのです。

三.「笑いの意味するもの」とは何か

笑いは実に多様です。おかしい時の笑いだけでなく、悲しみのどん底での自嘲の笑いもあります。

笑いによって自分を対象化して距離をとり、また、笑いによって一つの区切りをつける。

笑いは情緒のバランスを回復する時などに、ユングの言う補償的に働くという場合もあります。

カウンセリング場面においては、笑いやユーモアはラポール形成（信頼関係）を進める要素となります。

つまり、クライエントが心理的にゆとりを無くした状態にある時はカウンセラーも疲れるのは当然です。だから、おかしさを感じる時などは自己開示して率直にカウンセラーも応答すれば、クライエントの心を開くきっかけともなり、カウンセラー自身のもち味と才能で工夫しての応答が、クライエントにゆとりが生れるキッカケになる場合が多い様に思います。

笑いの意味するものは一つは満足感の表現です。二つには緊張から開放された表現であり、三つには他人に対する歓迎の表現で、四つは他人に対する社交儀礼的な表現の時もあり、五つには超越感的な表現であり、又、他人に対する軽蔑的な表現の時にも見られるものです。

ジョン・モリオール（哲学者）は笑いの意味するものとして、次の三つの理論を提示しています。

①優越の理論

他人の欠点や失敗などに触発されて、自己の優越を感じる時に笑います。

だから人は、自己開示した失敗談を心地よく聞き、人間的な好意を感じるのです。

相手に優越感を持たせるためには、自分の失敗談を取り入れれば良いのです。自分が失敗談を入れることで評価が下がるというより、逆に親近感を抱く効果もあるのです。

私は、度々、自分の失敗談を授業の中で暴露しますので、偉そうにしていても、そそっかしいのだと心配されて女学生に大事にされたりします。カウンセリング場面でも、クライエントが自分の失敗に拘り萎縮している時、カウンセラー自身のドジな話による自己開示で、クライエントへの確認や補償となってゆとりを生みます。

②ズレの理論

笑いはボケが引き起こすズレ（意外性）によって起こるといいます。

カウンセリングにおいても、クライエントの思い込みや因果関係の枠をリフレーミング（言い換え）することで、ユーモアによって囚われから解放され、認知の修正が容易になることはしばしばであります。

クラブでやっとくどき落としてデートした女の名前を寝言で言ってしまった。奥さんが「メリちゃんて誰ですか?」「メリちゃん、知らないよ」「夕べ、二度も三度も寝言で言っていたわ」「ああ、メリって、ほら、あの中川の所の犬の名前だよ」「ああ、犬の名前ですか。よかったわ犬の名前で。その犬から電話ですよ」この予想外の言葉がズレの理論です。犬が電話してくる訳がないのです。

③放出の理論

笑いは心的エネルギーの解放と緊張による快感現象で、心身の緊張の緩和です。

笑いは癒しやカタルシス（浄化）効果があり、クライエントの安心や自信に裏打ちされた笑いは気づきの効果が大きいのです。笑いによって、抑圧された感情やストレスが放出され、気分が楽になり、ゆとりが出て、考え方を変える勇気になるのです。

前に申し上げた浄化の作用で、笑いによってスカッとするのです。

第九章　笑いを起こさせるルール

話に笑いの要素があるかないかでは、聞き手に与える印象が違ってきます。

笑いのない話は、聞き手に飽きられ、興味喪失を招きます。笑いを起こさせることによって、雰囲気が変わり、相手をリラックスさせます。笑いは心の壁をなくして、親しみを増し、聞き手を話に引き込む効果があります。笑いのルールを駆使して、聞き手を話しに引き込む工夫が大事です。話は聞いてもらって初めて意味があるのですから。

笑いを起こさせる話の要素としては、ユーモア（Humor）、ウイット（Wit）、ジョーク（Joke）があります。ユーモアは感情的な笑いで、話し手の心のゆとりから生まれるものです。

ユーモアの原則は、誰もが笑えて、それによって話しが生きて、皆が理解できるものであることです。例えば、花が咲いているだけでは美しさはなく、人が見て初めて美しいと言われるように、ユーモアも周りが感じ取るものであって、感じさせる（押し付け）ものではないのです。

原因（ユーモア）が結果（笑い）を誘引し、笑いのポーズが笑いの感情を惹起《じやつき》します。

会社の面接試験で、人より顔の長い学生がいました。面接員が退屈紛らしに、その学生に言ったそうです。「キミ、顔が長いな。皆から言われるだろう。間抜けとトンマはどう違うか言ってごらん」そうしたら、その学生は怒るかと思いきや、平然として、答えたそうです。「ハイ、訊くほうが間抜けで、答える方がトンマです！」一発で採用が決まったそうです。

これがユーモアです。心にゆとりがないと、感情に振り回されてしまいます。

次にウイットですが、知的な笑いを言います。その人の頭の回転で笑わせていくものです。

気の利いた言葉（機知に富んでいる）とは、頓智の良いことで切り交わしていくことです。

どこにも口の悪い人がいますが「オイ、貧乏神、何処に行く?」と言われたら、「お前の家に行く」と平然と返せば、今度は言い方を変えてくるかもしれません。「オ～イ、福の神、何処に行く」と来たら、もう一発言い返してやる「お前の家から出てきた」と。

言葉をストレートに感情で受け取らないで、ウイットで返すと傷つけようとした人に返り、反省する効果になる場合だってあるのです。

そして、ジョークは「冗句」とも云って冗談やシャレのことで、日頃の意識的準備や練習が必要です。「山田さん背が高いね」「ハイ（英語の高い）」や「隣に囲いが出来たネ」「ヘイ（塀）」、「パンツが破けた」「また（股）かい」、「このバケツ漏るね」「そこ（底）まで気がつかなかった」とか、「電話が鳴ってるよ」「ああ、誰も出んわ（電話）」「この時計は狂ってるよ」「ほっとけい（時計）」「昨日の映画余り面白くなかったね」「もう、えいが（映画）な」など、私の友人でこの類の「親父ギャグ」が得意なお目出度い男がいますが、憎めない彼には友人が多いのです。

「オイ、一杯付き合えよ」「イヤ、今日はノウマネー（飲まねェ）よ」と、同じ断るにしても苦しい弁解よりも説得力があります。同じ上司の悪口でも「ブッチョウ（部長）面してるな」と言うと、辛辣なグチに聞こえないから不思議です。

所詮、笑いは、笑えない人からは生まれないのです。

笑わせ上手になるには、自分自身が笑い上手にならなければなりません。

次に笑いを起こすルールを少し披露します。私自身、このルールをよく活用します。

皆さんも、是非、このルールを活用してみてください。

一．瞬間的に相手に優越感を持たせる

これは、自分の失敗談を話に取り入れることです。他人の失敗談で、笑いを作る人がいますが、場合によっては、他人を話材にして笑いものにするのは失礼な場合があり、他人を傷つけることにもなり、スマートではありません。

人は自分自身を語る人を、決して馬鹿にするだけではなく、逆に親近感を抱く場合もあるのです。ですから、人間関係では失敗は隠さない方がいいのです。

わざと失敗したり間違ってみせると、相手の優越感を刺激して笑いを起こすのです。

私も今では平気で言えるのですが、恐怖を覚えた体験があります。

学校から帰宅しようと思ったら、愛車のタイヤの空気が少ないので、学校の実習場のコンプレッサー室に入ったのです。そして、電源をスイッチＯＮにして出ようとしたら、ドアが開かないのです。

そういえば、入った瞬間のドアが閉まるときの不気味な金属音を思い出しました。

何度押しても開かないので、その場に座り込みました。上を見ると狭い部屋に小さい窓が一つありますが、高くて届きません。帰る時間はとっくに過ぎ、段々不安が募ってきたのです。

忘れていた亡き父母の顔まで浮かんだりして、自分が鍵（キー）を持って入らなかったのが不覚でした。叫んでも校舎の角に位置する場所では、時間的にも誰も通りません。

一夜をここで明かすと思うと無念でなりませんでした。首をうなだれて途方にくれていた時、フッと浮かんできたのが、「俺はさっきから、ドアを体当たりして押してばかりいるが、引いたら開かないのかなぁ」と思いました。そして、恐る恐るドアに近づいてそっと両手で引いてみました。

開いたのです。その時、自分の頭を思いっきり殴りつけたい衝動を抑えて外に出ました。

一人の先生に出会いました。「橋元先生まだ、見えたのですか?」と聞かれましたが、四十分閉じ込められていた事実は後々のために言えませんでした。

帰宅してからも、妻が「お父さん、遅かったわね」と言われましたが、これ以上、バカにされたくないので今だに言っていません。夫婦間でも色々な言えない秘密が人生にはあるものです。

当時は深刻なまでの他人のこの失敗談は、人は心地よく聞けるのです。

二．予想外の事を言う

予想外の言葉にぶつかった時、人はその意外性から笑いに誘われるのです。

電車で、車掌が検札にやって来る。「お疲れのところ失礼致します。乗車券を拝見させて頂きます」と言われ、「ああ、切符か、先に出しておこう」と思って、探すが出てこない。とうとう車掌が来て、「切符を?」と言われて探すが出てこない。車掌が「本当に持っていますか?」「持っていますよ。それでないと電車の中に入ってこれないじゃないですか」「それはそうですね、結構です、その内に出てくるでしょう」と言って車掌が立ち去ろうとしたら、その乗客が大声で「いいことないよ」と叫んだ。

びっくりした車掌が「それは、また、どういうことですか?」と聞いたら「切符がないと降りる駅が解からないよ」これが予想外の言葉です。

また、友人宅を訪問して、犬に吼えられ、慌てているところに友人が出てきて、「そんなに恐がることないよ、吼える犬は食いつかないって知ってるだろう」と言われて「知ってるよ、俺は知ってるけど、お前の犬が知ってるかどうか」などのやり取りはズレの理論で、その意外性が受けるのです。

聞き手の予想を裏切るような話し方が笑いとなるのです。

私がA市に講演に行ったときです。高校三年の時、高校生の柔道大会を見に来た懐かしい昔を思い出しました。「こちらは大変懐かしい、思えば高校三年生の時、柔道選手権大会がこの土地でありました。

「自慢する様で皆さんには申し訳ありませんが、私は個人戦の部でベスト八まで」と言って、間を置いて「見に来た事があったのです」と言ったら、ドッと笑いが起きたのです。これは、聞き手の方が勝手に「試合に出場して個人戦でベスト八まで勝ち進んだ。人は見かけによらない、たいしたものだ」と思っているところで、「見に行った」という意外な結論が受けたのです。

ほめ上げて、相手を喜ばせて、ほめている理由が別だったりして、ズデンと落とす方法も同じ原理です。

先日、我が家の食後の雑談で、誰が家で「人を見る目が高いか」の話題が出ました。

そしたら、普段は反抗的な娘が、即座に「お父さんが人を見る目が高い」と思いがけない発言をして、内心私を喜ばせました。

やっぱり娘は冷静に父親を見ていてくれたのだと思うと、娘に感謝したい気持ちでした。

そこで、私は娘に優しく聞いてみたのです。「そうか、お父さんが人を見る目があると、どんなところで判ったの？」すると娘は「それは、お父さんはお母さんを嫁にもらったから、見る目がある」というのです。

私は一度持ち上げられて喜ばされ、ズデンと叩きつけられたような落差のあるショックは、大きいものです。内心、娘こそ見る目がないとその時は思いました。

発想の転換を試みると笑いは起こるのです。

私はやる気のない学生を励ますつもりで、一生懸命に彼の良さを見付けて話し掛けたのです。

そしたら、彼は一言「それは全部、判っていますよ」でした。通常は先生にほめられると、「イヤ、そんなことはありません」とか「イヤ、それはまぐれです、恥ずかしい」と言って謙遜すると思っていた私は、次の言葉を見失いました。その後、彼は留年して「判ってますよ」と言いながらのんびり生活していますが、恐らく長生きの性だと信じます。

三．誇張した表現をする

笑いには誇張や大げさな表現が笑いを作り出す笑いがあります。

落語の「粗忽長屋《そこつながや》」では、町で出会った自分の親父を忘れて「誰だったかな。ああ、お宅は誰だった？」「バカ、おめえの親父だ」と言うのがありますが、自分の親父を忘れるわけはないけれども、この誇張した表現が笑いを起こすのです。

結婚式でスピーチするのを心配している主人に、奥さんが「お父さん大丈夫よ、心配しないで。背広のポケットにおまじないを入れておいたから、会場についてから見て」と言われ、何だろうと思って、ポケットに手を入れて見たら、給料明細書が入っていたそうです。「上がらない、上がらない」の証拠物件です。このような発想の奥さんは家庭を明るくします。

四．本心をズバリ言われる

私は講演で、最初の拍手が少ない時「パラパラと控えめな拍手をありがとう」なんて、雰囲気作りをしたり、周りを見渡しながら、「今日は若くて美しい方や、ウ～ンまあ色んな方が集まっています。このバランスが人生は大事なのです。余り美しい方々ばかりの集まりでは、話に集中できません。今日は集中出来ます」等と、緊張した雰囲気をほぐしていきます。

時には、当日のテーマを題材に聞き手を分析して、「行くところがなく暇つぶし」「関係者の義理に迫られて」「テーマを間違えて」来たかを挙手させたりします。

また、社内研修では、座席から前列に座る人を分類して、「責任上の決死隊」「気の弱い押し出され組み」「遅れて来て前列しかなかった」かを話材にして、男性が前列の席を争うのは、「ヌードショウ」くらいであると結論づけて本音を暴くユーモラスな導入に、堅い会場の雰囲気から開放されて参加してきます。

本心をズバリ言われた時の笑いが起こります。

私の後輩で、視力が弱く、めがねを掛ければいいのに掛けない目つきの悪い奴がいるのです。

エレベーターに乗ったら、先客の女性が一人乗っていたそうです。よせばいいのにその女性を上から下までキョロキョロ見たそうです。女性は後ずさりしながら、「変なことしたら、非常ベルを押すわよ」と叫ばれ、思わず言ったそうです「イヤ、ご安心下さい、僕は面食いですから」と。

会社でも、よく遅刻する人の上司への弁解が「電車の故障」が口癖の人がいました。

また遅刻して、上司が「なんだ、また、遅刻か」「ハイ、今日も電車が故障して」「キミ、電車が故障、故障と言うけれど、故障する前の電車に乗りたまえ」と一喝したそうですが、同じ説教するにしても、ユーモアを交えての説得が得策なのです。

このようなルールを大いに活用して、周囲を楽しませると、自分自身にも他人の喜びが返ってきます。

笑いを起こさせるには、それなりのルールがあるのですから、相手に瞬間的に優越感を持たせたり、失敗談を取り入れる事や予想外のことを言う事で笑いを起こすことを申しました。

五．非真面目のすすめ

いつもの生活や思考パターンから「脱パターンの生活」を心掛けるのも大切です。日本人は真面目過ぎるので、ユーモアに欠けますが、色でも同じ色より、色々な色があった方が良いように、人間にも多様性や多面性があった方が人間的な味が出てきます。

そのためには、遊びや善良ないたずらの精神を持つ事です。

真面目にも生真面目（クソ真面目）、不真面目はいけませんが、私は非真面目のすすめを奨励しています。他人に迷惑をかけなければ遊びの精神が人間社会には必要です。

非真面目はこころの健康上も良いのです。

例えば、朝、出合った他人に「おはよう御座います、結構な天気ですね。相変わらずお元気そうで。ちょっと、急いでいますから失礼します」なんて別れたとします。

言われた人は「あれは、誰だったかな」一日中考えるかもしれません。

上司に呼ばれて、怒られている時も、今朝のことを、思い出しながら「あの人は、今も考えているかなぁ」と思えれば説教もゆとりで聞けますから、相手を恨んだり、自信を失ったりして、深刻な事態を招く事にはならないのです。

この非真面目のすすめを早速、実行した学生がいたのです。三人で名古屋の地下鉄で、三人が天井を指差していたら、見る見る人が集まってきて、上を見上げてクギづけになったそうです。

「いち、に、のさん」で三人が逃げ出した後も、集まった人は散らないで、学生たちの足の位置に合わせながら、天井を見上げ「何が見えるのかなぁ？」などと確認をしていたというのです。

駅で切符を買う時、小銭を落とすと、大抵の人が急いでいても振り返ります。

これが、人間の心理なのです。お金なんか要らないなどと言う人でも一緒です。

私は、偶然ばらまいた小銭を拾いながら、上を見ると多くの視線を浴びた経験があります。

悩まないためにも、「いい加減」は「良い加減」なのです。「いい加減でない」ことは「悪い加減である」ことです。適当に出来ない人は不適当にしていることです。

日本は子供が学校から帰ると母親が「何かなかった？」の問題探しが、欧米では「何が楽しかった？」と楽しさ探しの視点の違いが見られます。

六．「話し上手」の条件

卒業式の式典でも、校長の話一つで卒業生や保護者の受ける雰囲気が全く違うことを、私自身経験しています。

原稿を棒読みするような心のこもっていない校長の挨拶には、皆が退屈します。

ある校長が、「卒業生たちの生まれた頃の世相」を語り、その背後の親達の苦労を語り、校長自身の親としての子育ての辛苦と喜びの実話には、多くの生徒や保護者が泣き笑いの感動シーンでした。

話し上手とは「話が論理的」であって「話にユーモア」があるということです。

決め手となるのは、「聞き手に好感を持たれている」という条件が要求されます。

論理的といえば堅苦しい世界を想像しがちですが、話し手にユーモアを理解する精神があれば、話の展開が違ってきます。本音でユーモアの視点を忘れず話すのは心がこもっていて伝わります。

アメリカ人はユーモアを大切にしてどんなスピーチにも必ずユーモアを入れます。

考えてみると、自分の話を人に聞いてもらうのですから、ユーモアのサービスは話す人の義務なのです。人には本来他人の話は聞きたくないという本質があります。その聞きたくない聞き手に自分の話を聞いてもらう工夫がユーモアです。従って、ユーモアは聞き手に対する「おもいやり」であると共に、その人の「あたたか味」なのです。ユーモアは話を楽しくするための話の潤滑油であると理解しましょう。

ユーモアのない真面目一本の講演を聞いている人々は、迷惑してうなだれています。

そのために、日頃から楽しい話を集めたり、実地に応用する心掛けが、自分の堅い殻を破るのです。どこの大学にも、笑いを卑下したり、難解な話題だけが意味があるように思い上がっている人がいますが、心にゆとりのない証拠で、周囲を無視した傲慢としか言い様がありません。

私は先日、教え子の結婚式に呼ばれました。新郎の彼は、決して優秀などと褒めようがないのです。スピーチを頼まれた私は、彼の友人達も参加している手前、ウソやお世辞は言えません。

私は正直に「新郎は優秀な成績で卒業いたしました……方と一緒に卒業なさいました。在学中は非常に真面目で遅刻するなどということは週に五、六回しかありませんでした。クラブの卓球も大変強く、どんな試合でも負けた時以外は全部勝ちました」と言って窮地を逃れました。

彼を知る多くの友人が、私のスピーチが一番心のこもったスピーチでしたと言われて、返事に困りました。

第十章　健康なパーソナリティ

自己評価が高いことは、自分自身が好きと言う事です。

そうは言っても欠点だらけの自分を好きになるのは難しいかもしれませんが、欠点を長所に見立てる視点の転換ができれば良いのです。これは、カウンセリングでもよく使う手法です。

例えば、クライエント（相談者）が次の様に言ったら、その意味付けを変えるリフレーミング（言い換え）を用いて応答します。

「わたしは気が小さい、臆病です」と言われれば、「慎重で、軽率でないのですね」と応答し、「私は融通が利かないの」と言われたら、「あなたは、几帳面でキッチリしているのですね」と返します。

「先生、私の欠点はすぐ怒る事なのです」ときたら「でも、それは感情を素直に表現するということですよね」と応答します。また「私はおっちょこちょいなの」には「でも、他の人を笑わせることができる特技でもあるよね」と言って、違う視点から肯定的な示唆を与えます。

「私の性格は暗くて、人付き合いが下手なんです」と言われたら、「あなたは、相手の気持ちを推し量り、無遠慮に入り込まないのは配慮があって素晴らしいことです」などとリフレーミングするのです。

ですから、私の女房が時々ぐちって「もっと、広い家に住みたいワ」と言うから、私は「狭いと思わないで、掃除がし易いシンプルな家である」と強調するのです。だから、電話がかかってきても「慌てて出るな、家の狭いのが、すぐバレルやないか。しばらく待って、受話器を取ったら、息をはずませながら、ごめんなさい、奥の部屋にいたもんですから」と言うように言うのですが、三歩で電話に出れるために守られていません。リフレーミングして返す習慣は、結局は自分の陽転思考につながるのです。

私には二人の子供がいます。上の息子が長男で、下の娘が長女です。

やはり、帰宅すると専業主婦の母親に色々頼むのです。すると母親が「皆、何でも私に押し付ける」と言うから、私はたしなめて「この家になくてはならないこの私」と思う様に言って慰めるのです。

アルフレッド・アドラーという人は「与えられている物を、どう使うかで人生が決まる」といってますから、自分の欠点にばかり目を向けて自己卑下しないで、自分の良さに目を向けて、明るい生き方上手になるべきです。例えば半分に減った大好きな銘酒を見て、「もう半分」と見る減点思考（マイナス思考）の人と、「まだ半分」と加算思考（陽転思考）の人の人生観が大きく違います。

自己紹介にしても、如何に周囲に印象付けるかの工夫が第一印象を変えます。

自分の名前は一生のセールス・ポイントですから、工夫や色々な意味付けをして、型にはまった自己紹介よりもユーモラスな紹介の方が緊張した場の雰囲気を和らかなものにします。

「その名の通り、女の子に甘い佐藤（砂糖）です」とか「飲むなと云われると、自分が呼ばれたかと思う野村です。宜しく」「足元に注意と言われると、ドキッとする橋元（足元）です」「田中です。父も、母も、兄弟姉妹全部が田中です。家庭全員でボタモチを食べれば棚か（田中）らボタモチとなります」また、自分のズボンのバンドを叩いて「板藤（バンド）です」などと、自己紹介一つにも周囲を和ませるサービス精神のある人は人の輪を広げます。

一．リーダーの理想的な人間像

援助を目指す専門家としての人間像を次の五つのＨとされます。

①Heart and Humanity（人間への強い関心と思いやりのある暖かい心）

②Head（現実や状況を冷静に客観的かつ、科学的に見抜く冷静な頭脳）

③Hand（問題解決に活用できる優れた技術や実行力）

④Human relation（対人援助に不可欠な円滑な人間関係）

⑤Health（これらを支える心身の健康）であると言われますが、同様にこの諸点は人間関係の心構えとしても大切な事です。

また、人の上に立つ人の精神的な健康としては、対人関係では「控え目で、慎ましい態度で振舞えるか」で、これは謙虚さ、人間愛が根底にあるかどうかにかかっています。

ゆとりの視点があり他人に寛大であるか、自分の過ちを素直に謝罪できるかも健康な指標として必要です。３Ｒと言って、相手をリラックス（Relax）させるか、根気よく繰り返し（Repeat）言える心のゆとりがあるか、日課（Routin Work）を相手のために創意・工夫をして興味や意欲をもたせる心掛けをもって接しているか、などの前向きな姿勢から心の健康性が伺えるのです。

ツキを呼ぶ「明・元・素」とは「明るく」「元気で」「素直」な人の周りには人が集まり、「暗・病・短」の「暗く」「病的で」「短気」な人はツキを落とし、人も避けて通るといわれる所以です。

欧米では「ナッギング・パーソン」（何時でも不平を云う人）は嫌われます。

二．己自身を知ること

自分では、慎重でじっくり考えて行動すると思っていても、他人から見たら消極的に見える場合もあります。自分は積極的で行動的な人間であると思っていても、他人には、自己主張の強い自分本位の人だと映ったりします。

このように人は、積りの自分「自画像」と他人に映る「他画像」があり、あまり食い違いが大きいと人間関係を阻害します。

自画像＝つもりの自分、自分が思っている自分、自己イメージ
他画像＝周囲に映る自分、ありのままの自分、行動している自分
「つもりの自分」ともいえる自分のイメージに、必ずしも「ありのままの自分」ともいえる行動している自分が合致しているとは限らないのです。

むしろ、食い違いが大きいことに気づかずに不合理なことを繰り返しています。「つもりの自分」と「ありのままの自分」のズレを少なくするには「自分自身を知る」ことが大切です。双方を合致させ「自立した自分」を創造することです。

先日、私は某会社の社長と面談していました。大変かっぷくの良い堂々とした体格の方です。見たら、社会の窓（ズボンの前チャック）が開放されて白いシャツが見えるのです。しばらく気にしながら、話をしていましたが、教えるべきかどうか躊躇していました。

相手の自尊心を傷つけたらいけないが、また教えないのも水臭い感じがして、男同士だからいいかと思って、意を決して申し上げました。

「社長、ズボンのチャックが開いてますよ」そしたら、慌てて立ち上がりチャックを上げながら言われました。「私もさっきから気になっていたのですが、先生も開いていますよ」と言われた時、「すみま

せん」と言って慌ててチャックを上げながら、私自身が顔が赤くなったのを覚えています。

これを小さい子供が見ていたら、大学の先生や社長の肩書きが見えるわけではないので、前をはだけて訳のわからない話をしている、気持ち悪い変なオヤジ達としか映らない筈です。

人間は他人のことは気づきながら、自分のことには気づかないことが多いものです。注意されて、素直に受け入れ「すみません」と言って直すから良いのですが、仮に社長が「前チャックを開けておくのは私の趣味です」と負け惜しみを言って拒否したら、人間関係を阻害します。

三．人間関係をよくするには（人に好かれるには）

人と人の間に生活するから人間といいます。良好な人間関係を営むのが人生成功の鍵です。ストレスの大半が人間関係によるものです。人間関係が崩れるとストレスフルな職場に変化します。職場でのユーモアは「楽しい思考、楽しい人間、楽しい結果」の三つを結ぶ楽しい三角形を作るのに活用します。人の喜びを我が喜びとする利他主義が誠の心です。

「人を幸福に出来る人が幸福になる」と言われます。

そのために、人間関係をよくする方法をお教えします。

①聞き上手になる

「きく」には「訊く」「聞く」「聴く」などの言葉がありますが、全部意味が違います。「訊く」は問い詰める、事実を把握する聞き方で訊問などに用います。「聞く」は聞こえてくる。感覚を通じて聞こえるので、聞き流す事も可能です。

「聴く」が違うのは文字の分解から、耳、目が入っているように聴覚や視覚を駆使して、充分に（十）、心＝ハートで受け止めて聴くカウンセリング的な積極的傾聴法で、相手の立場になって聴くことです。

人は自分の話を聞いてくれる人が大好きです。人間は本来、自分が一番大事なのです。集合写真を見る時は、一番先に探すのは自分です。話を聞いてくれる、一番大事な自分に関心を向けてくれる人を好きになるのは当然です。だから、成功は人々のお陰で、失敗は自分の責任と考える人は、成功を勝ち取るのです。

聞いてもらうだけでも、少々の悩みは吹っ切れてしまうのです。

先日、「相談室」を開設している方から、こういう話を聞きました。

カウンセリング中に、自分の息子の車の事故の処理を考えたりしながら相談者（ご婦人）の話を聞いていたら、いきなり泣き始めたので、ハッとして大変申し訳ないことをしたと内心反省して、「どうしたのですか？」と聞いたら、そのご婦人は「いや、今日ほど先生がじっくり心から話を聞いて下さったことはありません。胸のつかえが取れました」と言ったそうです。「今までは、指示的で、指導的で、あまり話を聞いて上げなかったのですね」と反省していました。

昔から、「聴けば聞く、聞かせれば聞かない」と言って、人の説得には聞くことが大事だと教えています。

②ペース合わせが上手

人は自分のペースを持っています。そのペースに合わせてくれる人が大好きになります。

車内の携帯電話の会話は迷惑しますが、私は学生に「電話で先方の声が小さくて、聞き取り難い場合はどのようなメッセージをだしますか？」と質問すると、当然のように「もっと、大きい声で喋って下さい」と答えます。

更に「もし、先方が大変偉い方の場合で、注文が出せない時はどうですか？」と聞けば、「仕方ないから黙って聞いています」と答えます。

先方の声が小さい時、携帯電話でもこちらが大声で喋っていませんか。

それでは、先方は自分の声の小さいことで、相手が迷惑している事には気づきません。それればかりか、相手の声の大きいのに迷惑します。

だから周囲も迷惑するのですが、先方より、こちらが一段と小さい声に変えると、先方は「アレ、聞こえますか？」と大声で確認してきます。その時「ハイ、やっと聞こえました」と答えればいいのです。

人間は気づかないと変わらない特性があるのです。

これも一種のペース合わせですが、カウンセリングでは大変重要です。

一年程前になりますが、六月中旬頃、中学二年生の可愛い女の子がお母さんに連れられて私の相談室にきました。彼女は二〇分以上、何も喋ろうとしません。このような状況の対応を学生に聞くと「どうしたの、ここは秘密厳守ですから、心配しなくてもいいから、話しなさい」と促すという答えが圧倒的でした。私はここでもペース合わせをしたのです。

そしたら、彼女が「ああ」と辛そうにため息を漏らしたのです。私は間髪いれず「辛いよなぁ」と言うと、暫くしてテーブルの上に大粒の涙を流しながら、何も聞かないのに話し始めたのです。私はひたすら「そうか、そうか」と聴いているだけでした。その後は一人で来談して、二学期からは登校を始め、以後、一度も休まず目出度く高校に進学しました。

これが、音楽療法の「同質の原理」によるペース合わせです。悲しい時は淋しいメロディからです。

先日、学会の投稿文を急がされ、添付ファイルで送付しようとして間違って同じものを三部も送付するという失敗をしました。

やかましい学会事務局から、説教されるだろうと思い思案にくれていましたが、思い切って次のようなメールを送りました。「間違って、三部同じファイルを送ってしまいました。私は和田あき子のファンです。だから、笑って許して。橋元」ところが滅多に返事が来ない事務局から、早速返事がきました。

「笑って許すワ、事務局」。私は、よくこの手の手法で危機を脱しています。

先日もスクールカウンセラーで出向いている学校で出合った話です。

職員室に入っていくと、一人の生徒指導の先生が怒っているのです。

大変気まずい雰囲気でした。居合わせた先生方は、黙って、仕事をしているフリをして見守っている様子でした。私は、その先生に近づいて「先生は自分に正直な方ですからね」と小声で話し掛けた途端に、その先生の怒りは納まったのです。

周りの先生方は何が起きたのか理解できない様子でした。

一般的には、本人に向って「判った、まあ、落ち着いて」などとなだめる場合が多いですが、怒っている人には、逆効果になる場合もあります。私の言った意味不明な言葉を「この人は解かってくれる」と勝手に解釈したので引っ込みがついたのでしょう。

人間はなだめたり止めよなどと説得すると逆の結果を招く場合があります。

私は、カウンセリングをしている生徒とその母親と一緒に駅までタクシーに同乗した時のことです。この母親が、同乗している息子の悪口を繰り返すのです。

当人も聞いているのに、母親のグチは止みません。

私はタクシーが橋に差し掛かったとき、運転手に「その橋の上で車を停めてください」と言うと、不審に思った運転手は「どうしたのですか？」と聞いてきました。

「イヤ、このどうしようもない人が乗ってるらしいので、橋の上から川に投げ込みますから」と言った途端に、ハッと気づいた母親や、生徒本人、運転手まで皆で笑って納まったのです。

川に放るほど悪い子でもない、可愛い息子をこき落としている母親の反省を逆説的に諭す結果になったのです。

③スマイル

笑いは人間関係の潤滑剤です。「メーラビアンの法則」では、表情から来る印象が五五％以上を占め、話の内容はわずか七％に過ぎないと言われています。この点は欧米人に比べて、日本人は更に大きいという結果が報告されています。

「笑う門には福来る」とは、笑うゆとりがあれば必ず福運が巡ってくるということです。

私は世界の秘境を旅するのが好きですが、未知の人と親しくなる方法をお教えします。「あいうえお」の母音で覚えていて下さい。

あ＝ありがとう、い＝いただきます、う＝うれしい、え＝笑顔（スマイル）で、お＝おいしいの五つのフレーズを覚えていくだけで間に合うのです。

ニコニコしながら、嬉しいとか美味しいと言って喜ぶ姿に、警戒心はなくなり、「この人はいい人に違いない」で迎えてくれるのです。

会話がベラベラできる人よりも、人気のある私に同行した人達は、「原住民とルーツが一緒なのか」と不思議がられるのです。スマイルは世界中の共通語なのです。

ユーモアには本来、武装解除をするという効果があり、笑わせてくれる人に対して笑っている人というのは敵対心を持ち難いのです。

アメリカの学者のジョン・モリオールは「笑っている人間を殴るのは難しいことである。笑顔を殴り飛ばすということは精神的に非常に抵抗が強く、仏頂顔を殴ることの方が簡単である」と言っています。

笑うと体の力が抜けて無防備な状態になり、異文化を受け入れ易い。

表情は対人関係の非常に重要なコミュニケーション・チャンネルで、エクマンの表情研究では、人の表情は人類進化の過程で身につけたもので、文化の異なる国でも、基本的な顔の表情によるコミュニケーションは人類共通であると言われています。

ステキな笑顔を作るには少し、笑顔作りの練習をすると良いでしょう。

例えば、割り箸を口にはさみ、笑顔を作ることで、左右対称の笑顔を頭にインプットします。

会心の笑顔ができる様になったら、この感覚を覚え、楽しいイメージや気分を惹起します。

常に、笑顔のイメージトレーニングをする為には、心を開いて、気持ちにゆとりを持つ事が大切です。人は何かを練習する時には、素直な、理屈抜きで、効果を信じて挑戦することです。何事にも、体験学習を通じての多少の意識的努力が必要なことは云うまでもありません。虫が明るいところを求めて集まるように、人もスマイルのある明るい人の周りには沢山の人が集まるのです。

④相手との距離

親しい中にも適当な距離をとることも人間関係では大切な事です。人にはそれぞれがパーソナル・スペース（個人空間）を持っていますから、親しい中にも適切な距離感覚が必要です。山あらしのジレンマという言葉があります。二匹の山あらしが寒い冬の日、風を避けて寄り添うのですが、近づけばお互いを傷つけ、離れすぎると寒いというジレンマ。結局、二匹は適当な距離をお互いが見つけて、寒さから身を守ったということです。

親子でも、子供の年齢に合わせて、親子の距離を自立に向けて離していくことが必要となります。同じ意見を言うにしても、よく聴き、批判せず、自分の意見をささやかに付け加える配慮がいります。しかし、他人に好かれようと過剰に意識するのもストレスの基で逆効果です。

パレードの法則と言うのがありますが、これは何かを始めようとすると賛成する人は二割、六割の人は保留組で、残りの二割は必ず反対する人が出てくるというのです。

たとえ反対する二割を排除しても、二対六対二（マベリック）の原則が発生します。

完全欲の強い人は、心が許せず悩む訳ですが、六割の人が向こうにつけば二対八となりますので、最大の対策は、自分に反対する二割の人を排除せずに、謙虚に受容する包容力が不可欠なのです。気持ちが落ち込んでいる時ほどスマイルが大事で、激怒しそうになったら笑顔を作り、心の広い人のフリをしてみるのが大切です。

フリをするだけでも、訓練次第で怒りや悩みは収まるものです。

人の心は一度に一つの事しか考えられないので、楽しい事やユーモアで心を満たせば、周りの状況にかかわらず、楽しく過ごすことが出来る様になっているからです。

⑤心のゆとり

笑うことで心に余裕が生まれます。余裕はユーモアの発生源とも言われています。

ストレスに対する強さ（ストレス耐性）の重要な要素に「ゆとり」があります。

現代人は時間的ゆとり、空間的ゆとり、精神的ゆとりの三つのゆとりが不足しています。

人の時計（時間）で年中管理されて、自分の時計を忘れています。人の時計は「ほ時計（ほっとけ）」と言いたいのです。自分の時計で動く自由な時間を持つべきです。

多忙の「忙」＝心を亡ぼすことで、心を亡ぼす時間が多いのを「多忙」というのです。

一日一度は心を止めて、自分を見つめるゆとりの時間が必要です。

対向車線で、向こう側は一台の右折車のために、後続車が渋滞していても一台の車を待ってあげるゆとりがないのも、時間的ゆとりがないためです。

職場でも過密な閉塞状態の空間で生活しています。ノルウェーのシェルデラップ・エッペの実験では鶏を狭いところに数羽入れると、ツツキ合いが始まります。人間も、同じで狭い職場空間ではストレスがたまってきます。その上、会話のないパソコン相手のデスクワークでは、リラックスする暇がありません。

先日、ある中学校の職員室で、パソコンをしながら、奇妙な動作をする先生を見かけました。

時々、手を上げて振るのです。私は、新型のパソコンが出来たのか暫く見ていましたが、不審に思って、その先生に聞いたのです。「先生、何をしてるんですか?」「ああ、飲み会の参加を確認しているのです」つまり、直接会話なしのメールでやりとりしているのです。「そこまで、聞きに行け」と言いたかったほどです。時間に追われ、パーソナルスペースのない過密な空間生活では、当然、心のゆとりがなくなっています。

大学で、午後の授業は学生が冥想に入る時間帯です。昼食前の活気づいた彼らが、お腹も満たされ、何の心配もなくなると、当然といえば当然ですが、教師も板書をしていて空しくなる時間帯でもあります。でも私は学生に言うのです「君たちは健康でいい。悩みが深くなると、人間のんびりと寝ておれないものだ」と。そういう私も会議の時は、よく寝るのです。

学者社会は、喋り屋が多い。小学生に聞いたら、すぐ答えが出てきそうな事でも、延々と論議することがあります。賛成なのか、反対の意見なのか、私の能力では判断できないくらいです。端的なことをあえて人に判り難いように表現する職業病というか、困ったクセの持ち主がどこにも居るものです。そんな時など、討論についていけない単純な私は、イヤになって寝ることにしています。

ところが、時々嫌らしい司会者がいて、私に振ってくる場合があるのです。「橋元先生はこの点どう考えますか?」なんて。隣りに座っている先生に脇腹をボールペンで突つかれ、ハッとして目を覚ましますが、その様な時、慌てないで意味不明な事を言うのです。例えば、「ああ、先から聴いていますが時期尚早じゃないでしょうか」等と言うと、これをそれぞれが適当に解釈してくれる様で、「ああ、そうか、時期尚早か」と云う具合で納得して頂く場合があります。

普段、余りベラベラ喋る人の話は、人は真剣に聞こうとしませんが、ボソボソと喋る人の話は立止まって慎重に受け止めるものです。

これが慎重に思われるようで、ある先生などは私に対して「先生は偉い」「何が偉いのですか?」「いや、先生は他の先生方の様に会議中は、ベラベラ喋らないで、じっくり人の話を聞いていますね。さすがカウンセラーですね。頭が下がります。」でも本当は私は寝ていたのです。

ただ、私の寝方には、長年の訓練のために特徴があるのです。寝ていても周期的に頭を上下に振るクセがありますが、これが見事な「うなづき」に取れるようです。

人間、寝ていても評価されたりする程、人の評価は気紛れです。

私は、行儀の悪い寝方をしている学生には、厳しくアドバイスするのです。

「君たち、大学を卒業して社会に出ると、会議だ、やれミーティングだと、このようなハードな会議が多いものだ。その時のために、在学中にしっかり寝方のコツをマスターして卒業して欲しい。」「聞いているような寝方」を身に付けることは、教科以前の重要な人生のマナーなのだと思っています。

自分が必死に仕事に取り組んでいる時は、上司は見にきてくれません。

「この、一生懸命仕事をやっている美しい労働の姿を人に見せたい」と切望している時は見廻りに来ないで、やれやれ一息入れようかと思って休憩した途端に、上司が入ってきて「また、サボッとるのか」と怒鳴られるのが関の山ですから、最初から人の評価を気にしないマイペースがいいのです。

四．ゆとりのない失敗

心にゆとりがない時や緊張感が高い時には、失敗が多いものです。人間関係も仕事の失敗も全てが多忙が原因です。時間的にも、精神的にも、空間的にもゆとりがないのが現代人です。

ゆとりがあると違います。若い男女が、海辺で寝そべって星空を眺めていた。彼女が「あなた、今、何を考えているの？」すると男性が答えた。「キミと同じことだョ」、これを聞いた彼女が「マァ、あなたスケベェー」と叫んだそうです。ゆったりしているとつい本音が出る証拠です。

歴史に残る名優チャップリンは「喜劇とは距離を置いて人生を見ることだ」と言い、逆に「悲劇とはクローズアップされた人生」であると述べています。

距離をおけば、違った別の角度が目に入ります。そこに笑い・ユーモアが生まれるのです。

心理学では、周りを気にする公的自己意識の状態が強い人がいますが、多くの人々は自分のこと以外の他人のことには大抵無頓着に生きているものなのです。

ユーモアのある人は、人生に対して厳しすぎると、余り得しない事に拘り過ぎて失望することを経験的に知っています。狭い視野に立ち、自らを限定し、自己流に考えて結論を出すことは利益にならないからです。物事をハッキリと二分したり、不必要に一般化したり、簡単に割り切り過ぎないことです。

ユーモアを活用することで、事態を恐れて、悲観的に考える事が如何にバカバカしいことであるかを気づかせてくれます。だから、ユーモアのある人は創造的な解釈をして、最悪の事態でも状況を好転させる力を持っています。

五．言葉の大切さ

言葉は人生をつくり運命をかえる。言葉三倍説と言って「ああ、暑いな」と言ったら、更に暑さが増します。キリンを思い出すなと言われると大抵の人は首の長いキリンを思い出します。「こぼすな！」と言われるとこぼしている自分をイメージしてかえってこぼしてしまいます。

よい表情（笑顔）はよい人相を作り、よい感情・気分はよい言葉グセを生み、幸運な人生となります。表情―感情―表現（言葉）の密接な相関関係があります。肯定的な言葉グセは脳の側座核（目的達成機構）を刺激して、アドレナリン系の経路のＡ６神経系を通って、脳全体に向けて指令が出されます。否定的で、口数の多い人は嫌われます。常に肯定的な言葉や誉め言葉は人の心を開きます。だから、消極的な言葉は積極的な言葉に、悲観的な言葉は楽観的な言葉に、批判的な言葉は賛嘆と賛美の言葉に書き換える努力をしてください。言葉は「ブーメランの法則」で、自分が出した言葉は自分に返ってくる。他人に向かって発した暴言・罵倒の言葉は、結局は自分の感情を支配します。

私の友人(?)のジャック・ニクラウス、あのニク男がつぼ八で飲んだ晩に、彼が言いました。自分は天才でも何でもなく、始終スランプに陥るのだそうですが、いつも奥さんの肯定的な言葉に励まされてスランプ脱出につながったそうです。「お父さん、左の肩を上げたらステキよ」当然、英語で言ったそうです。そうするとニク男が「カアチャン、左肩が上がったらステキ、よし上げるから、見てろよ、どうだ!」「ワァ、お父さん最高」この奥さんの言葉が救いだったそうです。

日本の女性はこういう言い方は余りしないのです。大抵が「父ちゃん、左肩が下がってるから、アカンのやワ、さいて〜い!」この否定的な言葉では男はやる気を失ってしまうのです。

言葉の使い方は大切です。一言間違っても大変なことになります。

私の近所の外人がケーキを持ってきて、「こ〜の間、果物をい〜ただいた、仕返しで〜す」私は思わず身構えましたが、お返しと仕返しの、単語の間違いだったのです。

先日のロータリーの集まりもそうでした。ホームステイをしていたオーストラリアのキャサリンと云う女の子の送別パーティで、多くの方が別れを惜しんで泣いていました。このキャサリンの挨拶が良かったのです。

泣きながら、「日本の皆さん、とっても優しかった。皆さんには大きなお世話になりました」泣いていた皆の涙が止まったのです。このキャサリンは「大変お世話に」と言いたかったところが「大きなお世話に」と言ってしまったのですから、言わんとする気持ちは伝わってきたのですが、言葉の力が皆の涙をピターと止めてしまった訳です。

よくある話で妹が泣きながら「お兄ちゃん、皆が学校で私のことをブスって言うの」それを聞いたお兄ちゃんが「何、お兄ちゃんが明日、なぐってやるから、泣いたらアカン！　マユミ、人間は顔じゃない」と言いたかったのですが、お兄ちゃんは慌てていたもんですから、思わず「人間の顔じゃないよ」と言ってしまったそうです。「人間の顔」と言う場合と「人間は顔」と言う場合、聞く方は雲泥の差なのです。この妹さんはショックで暫く立ち上がれなかったと言う話を聞きました。

私も、一生懸命に板書をしている私に、女学生が、「先生、薄いです」と、板書の文字の薄いのに苦情を言われる時があります。

普段、温厚な私が急に怒り出すので、学生の方がびっくりしている様子ですが、私は「薄い」と言う言葉に過剰に反応するするクセがあるのです。自分の頭の薄い身体的欠点を皮肉られたと勘違いする被害妄想があるからでしょう。

「君たち、文字が薄いと、主語をつけて言いなさい」と真面目な顔で言うものですから、学生たちは、やっと事情を納得するらしく、クスクス笑いが聞こえてくるのです。

だから、更に侮辱されたような気がして「何がおかしいのだ！」と怒鳴るので授業が進まないこともあるのです。だから逆にからかわれたりします。「ねぇ、先生」「何だ」「何もやってない人を罰するのは間違いだと思いません」「それは間違いだよナ」「ああ、よかった。私、レポート何んにもやって来なかったぁ」とか、私が「全然解らなくて悩んでいる人は手を上げなさい」と言っても、誰も手を挙げません。調べてみると出来てないので、ひとりの学生に注意したら、私の顔をニヤニヤ見詰めながら言いました。「解らないけど、手を挙げないのは別に何も悩んでいないからです」と。呆れて六口（むくち）の私が無口になる時があります。

また、あれはダメ、これはダメの否定語よりも、これはいい、あれはいいの肯定的な表現が大切です。人のあら捜しをしないで、良い面を見つけて惜しみなく誉め言葉を使うことです。教育も叱る教育よりも誉める教育なのです。保育園の先生が園児に「ありがとう」「ごめんなさい」という挨拶を教えていました。先生が「よその人から、物を頂いた時はどう言うの？」。一斉に「ヤッター」、「よその人の物を壊したりしたら、どう謝るの？」そしたら、一斉に小声で「ヤッチャヤッタ」と答えたそうです。

そして、この先生に「センセ～イ、先生は仕事しないで、ボクたちと遊んでばかりいていいの？」と言われたそうですが、子供達も、一緒に遊んでくれる先生には、心を開いて慰めてくれている。

言葉には言霊と言って、魂が入っています。「ありがとう」の言葉は運を運んできます。言葉はブーメラン効果で、「人は言った言葉に出会う」と言われます。「ついてない、ついてない」と言い続けると、言った通りについてない人生を歩くことになります。「ありがとう」は言った数だけ、また「ありがとう」を言う状況が出てきます。言葉は自律神経に反応して、心と体を癒し、運を開いてくれます。

人を責め、不満を漏らす時、宙天にその人をイメージして、人指し指で、「お前が悪い、お前が憎い」と言って責めてみる。その時、人指しを除く、他の中指、薬指、小指を見て下さい。

この三本は自分を指し返しています。つまり、相手が一つ悪いと責める時は、自分は三倍も悪いと思って反省しなさいというサインだそうです。悪口を言う場合も自分が原因しているなどととは誰も気づきません。世間では、「皆」と云うと自分も入れて「皆」であるのですが、自分だけを外して考えるから世の実相が見えなくなるのではないでしょうか。

満員電車で「何故、こんなに混んでるんじゃや？」と言っても、混ませている中に自分がいることを忘れています。交通渋滞でも「何で、こんなに混んでるのや」と不満を漏らすが「あなたが来たからや」と言うことを忘れています。そのような人に限って大きい車で来ています。

エレベーターに乗る時でも、最後に乗ってきた人の時、ブザーが鳴ると乗っている皆がその人を除外します。その人一人だったら、決して鳴らないのです。自分自身が重荷をかけている張本人であることに気づかないのです。人間は勝手なもので、この考えが偏見や差別を生むのです。

選挙投票でも、「俺の一票で世の中は変わらない」と言って投票に行かない人に限って、投票率が低いとボヤクのです。

言った言葉は結局は自分の潜在意識に届き、結果的に自分に返ってくるので、明るい、肯定的な言葉を多用する心掛けが大切です。

批判的、審判的、評価的、指示的、命令的、探索的な原因探しの言葉を乱用する方は人から避けられ嫌われます。

言葉一つで、息子の反抗期を収めた父親の話を聞きました。

余り、母親にクソババとか云って反抗するので、頭にきた父親が息子に向って「勝彦！ 俺の女をあまり、こき使うな！」と一喝したそうです。それを聞いた息子の顔色が変わったそうです。「母さんは、父さんの女だったのか。信じられない」それまでは自分の手下とばかり思っていたのが、それ以来、態度が改まって母親に無茶を言わなくなったそうです。

このことからしても言葉の使い方は大切だと思いませんか。

でも、現代の子供は昔の日常的な言葉を失いつつあると痛感したのは、ある高校の先生の話からでした。「先生、最近の高校生は言葉を知りませんね」「どうしてですか？」と私が聞きましたら、話し始めました。担任をしている生徒で、一年生の時、大変真面目であった生徒が、二年生になったら染髪して学校に出てきたそうです。「ちょっとこっちに来い、何だその頭は！ 君は一年生の時は真面目だったではないか。君はね、はるばる遠い田舎からこちらに来て、両親が下宿させてくれて生活費を仕送りしてもらっているではないか。両親を悲しませることをしてはイカン。両親の仕送りのことを思い出せ！」と言ったら、急に泣き出して「仕送りしてもらってないのです。」それを聞いた担任の先生はびっくりして聞き返したそうです。「仕送りしてもらってないのか？」泣きながら「ハイ」「それは大変だ、君はどうして食事などしているのか」と優しく聞いたら「ハイ、振り込みされているのです」と答えたそうです。

それを聞いた担任の先生は、急に腹立たしくなって「ばか者、それを仕送りと言うのだ」と怒鳴ったそうです。だから、今時の高校生は言葉を知らないと嘆いていました。

でも、この高校生も真面目な生徒なのでしょう「仕送りがない、振り込みがある」両方の言い分か解る様な気がしました。

六．言葉には「消しゴム」が利かない

これは元日本ペンクラブの会長を務めていた芹沢先生の言葉でした。「私の秘密」というＴＶ番組で、先生の前に恰幅《かっぷく》のいい紳士が現れました。司会者が「先生、こちらのお方を覚えていますか？」思い出せない氏は「すみません、ちょっと判りませんが」すると司会者が「この方は先生が小学校一年の時、半年だけ担任をしていただいたＨさんですよ」「ああ、そうですか、少し面影があります、大変失礼を致

しました」と言って番組終了後、そのHさんは先生の手をとって、泣きながら「あの時、先生のあの言葉がなかったら、現在の自分はありません。先生に是非お礼が言いたかったのです」その言葉を聞いた、氏は全然何を言ったのか思い出せません。「失礼ですが、どんなことがあったのですか」と聞いて見ると、Hさんが話し始めた。先生が「君たち、将来何になりたいか一人ずつ言ってごらん」とクラスの皆に聞くと、多くの友達が元気に将来の夢を語り始めた。やっと、自分の番がきた時、父親から日頃長男のHさんに言われる事を小さな声で答えた。「ボク、八百屋さんになります」。その時、先生が言ってくれた「そうか、八百屋さんになるのか。では、この町一番の八百屋さんになれよ、いいか」

この言葉が嬉しかった。

以来延々と数十年、この時の先生の言葉が人生の応援歌として片時たりとも忘れたことはありません。そして、この町どころか、全国でも指折りの青果業の理事長や多くの要職についているのです。

その晩、先生は考えました。「人は言った言葉を言った途端に忘れるが、言われた人は何十年も覚えている。人を励ます言葉であったから、よかったが逆に人を傷つける言葉であったら、一生恨まれたに違いない」そして、その日の日記に「言葉には、消しゴムが利かない」と記したと言います。

言葉の威力を教えられた、もう一つの話を思い出しました。

大きい会社の五〇代の社長が、幹事になって同窓会を開きました。高校時代は、ケンカばかりで、在学中は四回の停学処分を受けたそうです。卒業式の前日、校長先生に呼ばれたそうです。

同窓会参加者への開口一番「オイ、皆これからね。後ろの扉から、我々の恩師が続々と登場しますが、その前に、幹事だから一言だけこの話を聞いて欲しい。ボクは高校時代は勉強しないでケンカばっかりの男だった。卒業式の前日校長に呼ばれた。その時ボクは思った。いい度胸だ。言いたいのであれば何でも文句を言わせせようと決心して、校長室の扉を開いた。そしたら、早くドアを閉めなさい。そして、この部屋のカーテンを早く閉めなさいと言われた。この校長は本気で説教を始める覚悟だと腹を決めていた」。すると校長が「キミの前にいる男は校長ではない、一人の男として聞いてもらいたい。キミは三年間、他の先生たちは頭を悩ませていたが、ボクは違ったよ。キミを評価していた。この正義感、体力は大した者だ。しかし、明日からキミは社会人だ。その体力をケンカばかりに使ってもらいたくない。キミだったらこの学年、いやこの学校で一番出世する男であるとボクは信じている。頑張れよ。キミ、さあ卒業式に行こう」話はそれだけだったそうです。卒業してから、何度も腹が立つことがあったが、校長先生のあの時の言葉が、人生の応援歌として彼をここまで支えてくれ、会社を築いた。「校長先生に一度、お礼が言いたかった。やっと見つかりました。八三歳で元気だったんだよ皆んな！」涙ながらに語った彼の話を聞いていたクラスの全員が「オレも言われた、オレも、オレも」と全員の手が挙がったそうです。

早い人は、一年生の九月頃から、呼ばれて言われていたそうです。「君はこの学校で一番出世する」と。この番長だけが、とうとう卒業式の前日になったそうです。でも参加者の全員が「いい校長だったな。さあ拍手で迎えるぞ」同窓会は盛り上がったそうです。相手を励ます、希望を与える言葉にはこんなにも人を伸ばす力があるのです。

第十一章　感謝の気持ちを持つ

人間は感謝の気持ちが大切です。感謝の気持ちが増えれば、感謝の対象も増えることを悟ることです。病気になって、健康の有り難さを痛感するものです。

笑顔を作るために大事なのは感謝をする気持ちです。

感謝、感謝で生活していると、笑顔が増えるのです。

「有難う」と思う習慣を常に心がけることです。感謝すると心が落ち着き、豊かな気持ちになってきます。日常の「喜び探し」というもう一つの習慣を持つことです。「嬉しがり屋」になると人生が楽しくなってきます。所詮「笑い」も「怒り」も習慣性のもので、意識的な努力が効を奏するものです。笑顔・感謝は幸運を引き寄せる磁石なのです。

例えば夫婦喧嘩をしても、感謝の気持ちのある方は考え方が違います。

「うぁ、こんな大きい夫婦ゲンカが出来るのも、女房がいればこそや。女房は有り難いな、明日もやってみよう」このように考え方が変わると、「この人は全然、堪《こた》えないからケンカはヤメた」と言って、女房も諦めるのです。

大体、自分の女房と思うから、ケンカが絶えないのです。

腹が立ったら、このように考えたらどうでしょうか「お隣の奥さんがワザワザお家まで出かけて来てくれて、ボランティアで、茶碗や皿を洗ってくれている。洗い終って帰って行くかと思ったら、フトンまで敷いて下さった。それも全部、無償でやって下さる」それをどの様に受け止めるかで気持ちが変わるものです。

受取る自分の心が全部、人生を作る。感謝、感謝で受取れたら、どんな出来事でも笑顔で乗り越える事ができるのです。

一．子供達のアンケート

「一番楽しい時は？」「お母さんと一緒に笑った時」だそうです。

「一番イヤなときは？」「お父さん、お母さんがケンカをしている時」だそうです。

ケンカの多いご夫婦のための都都逸《どどいつ》があります。「イヤになったら、この子をごらん、イヤじゃない時、出来た子よ」。ケンカしそうになったら、ご夫婦でこのフレーズを大合唱してください。

愛し合って一緒になったのです。つまずいたら、原点に戻りましょう。

子供を叱る時は、次の叱る原則を守りましょう。

説教は一分以内。できるだけ短く。感情が納まるまでは説教しない。

一緒に二つ以上のあれこれの「ついで説教」はしない。「冷静、簡潔、枝葉末節を避ける」効果的な叱り方を、大人は心掛けるゆとりが必要です。

そして、サンドイッチ話法を使うと完璧です。

先ず、普段、気づいた良いところを誉める。次に注意したい事実を冷静に指摘する。

そして最後に励ますのです。折角話しても、言う事が伝わらないと無駄なのです。

「最近クラブも頑張っているね。感心だ。ところで、今日のあれは君らしくなかったよ。先生は君なら出来ると信じているから、頑張ってごらん」等と云われると反省と自信に繋がり、教育的効果にもなります。

子供は、待つ、見守るゆとりのある暖かさがあってこそ、心の豊かな子供に育つのです。

カウンセリングでは、不満や文句の否定的な表現をしても、取り上げないで、その背後にある願望を肯定的な言葉にして返す話法を使います。

「あの人冷たい」と云えば、「暖かくして欲しいのね」という調子です。

「やってくれない」と云えば「あの人にやって欲しいのね」と言う調子で、否定的な不満の表現を肯定的な願望の表現に言い換えて返すのです。

大体が「学校に火をつけて燃やしたい」と生徒が言えば、背後の気持ちを推し量る前に、延々と説教や叱責の指導がはじまるのが常道になっています。

先生に心のゆとりがないからです。背後の気持ちは「学校に嫌なことがある。学校なんか無くなったらいい」と思っているかもしれないのです。

私だったら、こう聴くかもしれません。「そうか、火をつけて燃やしたいのか。何時、どういう方法で、燃やすつもり?」そうすると、生徒が「本当に燃やす訳ないでしょう、先生はバカと違うの、燃やしたいほど学校でイヤなことがあるの」「ああ、そうか、本当に燃やす訳じゃないんだ、燃やしたいほど学校でイヤなことがある訳か」そこから、心の内を聞いていけるチャンスが生まれるのです。

説教に始まる先生にこころを開いて相談する気にならないのは、子供だけではありません。

スクールカウンセラーで、ある学校の職員室で一人の生徒を先生が二人がかりで説教していました。

「いいか! 責任が発覚したら、どのような処分になるか覚悟しているな! 白状しろ!」怒鳴り散らしている一人の先生を手招きして、私が「先生、許してやりな」と言うと「馬鹿なことを言わないで下さい、教育にウソを言って許される筈はない」そこで、私が「先生、あの生徒を責めて事実を暴き出しても彼は反省しないよ、むしろ先生を恨むかもしれないよ。ここで勇気を出して、先生が俺の勘違いだったら、許してくれと言って逆に頭を下げると、彼は二度と先生を裏切るようなことはしないだろう。騙され上手ということもある」と言うと、納得できないという様子でした。

この場合の「うそをつく」ことは現状維持の自己防衛と考えますから、先生に見捨てられたくない、関係性を維持したい時で、事実を追求して責め立てないのが効果的です。

自分にとって、どうでもいいような人にはうそをつかないので、ウソを全て悪いと否定的な捉え方をすると人間理解の幅が狭くなるのです。

ウソを暴いても、結果的に反省より恨みを抱かせる場合がありますから、学校の先生方は全ての逃げ道を塞がず、場合によっては「騙され上手」になる寛大さが教育には必要ではないでしょうか。

「そうか、先生は誤解してごめんね」と言われれば、ウソをついた当人は逆に「先生にウソをついた。私を信じてくれる先生をこれからは、騙さないようにしよう」と反省する機会を作ることにもなるのです。教師の寛大さ、教師の笑顔、柔らかな語りかけ、子供達の心を癒す接し方が大切だと思います。

人は寂しい場合でも、人によって表現が違います。逆に寂しくない態度を取ってはしゃいだり、わがままを言ったり、平気を装ったり、何かに打ち込んだり、部屋の掃除をしたり、人にあれこれサービスをしたりします。意地悪な子供を見ても、一方的に責めないで、この子は寂しいのと違うのかとその背後の気持ちを理解してあげる心の寛容さが教育には必要です。

子供は怒らない方が良いのです。私も叱ることは有りますが、怒るのは感情です。感情（勘定）は飲み屋だけで結構だと思っていますから。

怒りは怒る側の自己中心の感情の爆発ですから、必ず反発を招きます。しかし、叱ることの大切さは教育には必要です。叱るのは相手中心の愛情・理性が働きますから、相手は反省・発奮につながります。それは目に表れます。怒る時の目は大きく開き、叱って諭している時の目は愛情深い細い目をしています。

「お父さん、怒ってないから、正直に言ってみろ！」「でも、怒ってるもん」「怒ってないと当人が言ってるだろう！　早く正直に言え、この馬鹿やろう！」のやり取りには、表情を子供は見て取っています。何年かしてからの余韻にも深く関わってきます。「今、思えば親父はいい事いってくれたなぁ」と思える場合は、親父は叱ってくれたのです。「今思い出しても、あの先生は許せない」と思う場合は先生の感情の爆発を受けたのです。

二．相手の立場に身を置く

カウンセリングでは、感情移入といって、相手の身になって聴くことを言われます。母親が赤ちゃんの泣き声から「お腹が空いているか」「オムツが濡れているか」「体の具合が悪いか」などが判るのは、感情移入して相手の身になれるからです。

自分中心の考え方は、時々大変な間違いを起こすという体験をお話します。読者の皆さんはもう大人ですから、判ってくれると思います。

私はある講演会に行きました。会場には約八〇人の女性ばっかりでした。

よく演題をみたら「子宮ガン予防」についてでした。講師の先生以外は男性がいない訳がわかりました。折角なので、入ったついでに聞いてみました。

嬉しかったのは、講師の医者はスライドを見せながら説明してくれました。

「この様に、子宮ガンは子宮の入り口に出来るのです。ですから、皆さん定期検診を受けて下さい。定期検診の結果、治る確率の高いのはこの子宮ガンですからね。子宮の入り口にできるのです」この後、懇親会が開かれました。男性は先生と私の二人だけです。先生が喜んでくれました。「男性が私だけなので不安でしたよ。よく、こんな講演に勇気を出して来てくれましたねぇ」と言って二人ビールで乾杯して談笑をしていたら、一人のご婦人がニコニコしながら近づいてきました。

「先生、今日のご講演で、ちょっと理解できないところがあったのですが…」。すると講師の先生が聞きました。「ハイ、どこが判らなかったのですか？」「先生は子宮ガンはどこに出来やすいとおっしゃいましたか？」「ああ、子宮ガンの出来る部位ですか。あれは子宮の入り口に出来やすいのですよ」「あら、先生、あそこは入り口なのですか？　私は出口とばっかり思っていましたが」。この言葉を聞いた瞬間、私たち男性ふたりは、ハッと顔を見合わせました。「そうか、これは出口かもしれない、その証拠に私たちもあそこから出てきたのですから、相手の立場を無視した、男性の一方的な考え方なのだなア」と至急（子宮）考えよう。でも、この時、このご婦人が立派だったのは、通常は出来ない事ですが、一歩譲歩してくれたのです。「先生、これから、ご講演をなさる時は、子宮の出入り口に出来やすいとおっしゃってくださいね」これを聞いて、何と心の広い女性であろうと感服したのです。

このような寛大な、心の広い愛情を持たなければならないと痛感した次第です。

三．他人を許す度量

この世に完全な人はいないのです。誰だって失敗はつきものです。人を許す心のゆとりが大切です。我の強い人は、自分は変わらないで、相手を変えることに躍起となるものです。エリック・バーンが「過去と相手は変えられない」と言ったように、天候や気候も自分の思うようにならない。ゆっくり待つか、自分から移動するしかないものです。

よく「昔は良かった」と過去を引きずる人にも、今と未来しかない筈です。身体の全細胞も七年すれば新しく生まれ変わる。今の自分は過去の自分ではありません。気持ちさえ変われば、過去の罪は全て許されるのです。三組に一組が離婚する時代です。その原因は、相手を変えよう変えようとして失敗したのです。他人の欠点が気になる時、自分に同じ要素がないか自分を振り返って見ることです。

ユングのいう心の shadow（陰）で、あの人は「嫌い」と思う場合、「嫌いな同じ物が自分の中に抑圧」している証拠です。「あの人のグズグズしているところが嫌い」という場合は、小さい頃から、親にグズグズすることをたしなめられ、抑圧していたものが相手に映るから、相手を責めることで自己防衛しているものです。「あいつは浪費家だ、嫌い！」本当は自分も彼のように浪費してみたい。しかし出来ない。彼を非難することで自分を正当化しているのです。本来、自分に全く抑圧したものがなければ、好きも嫌いもない筈です。従って、他人の欠点が気になる時は、自分に同じ要素があると考えて、自己点検のチャンスなのです。

俺が俺がと「我」の強い人は回りを変えようとする否定心から生まれるので、幸運は廻ってきません。

「頂戴」の頂は「頂く」ことで、大切なものは高いところから、低いところに流れてきます。「俺が」といって我の強い人（頭が高い人）には大切なものは流れてこないのです。我の強い人は最後は孤立して、本当の友人は出来ません。全くユーモア精神の片鱗《へんりん》も見当たらない不幸な人だと思います。

笑顔を心がければ、否定心を肯定心に変える効果があります。肯定心は「愛」と「希望」と「感謝」の象徴。希望は道であり、希望がないとは、道に迷うことなのです。

返事の「ハイ」は「拝む」ことであり、感謝することです。「感謝」の「謝」は「謝る」を示し、「反省する」ことです。反省した時、人は気づき、自分を変える勇気が湧いてきます。

素直さが一番の基本的な心の状態で、素直さ、謙虚さを磨く具体的な修練は、人が嫌がることを自分はやってみるということ。ゴミ拾いや丹念な便所掃除を心がけると、人がやらないことを自分は出来るということが体に反応して、積極的な行動が運命を変え、善因善果となり、心もクリーンになって和顔施（笑顔のプレゼント）も培われるのです。

ツキを落とす「暗・病気・短」＝暗く、病気がちで、短気な人間から、ツキを呼ぶ「明・元・素」＝いつも明るく、元気で、素直な人に変身して世渡り名人になろうではありませんか。

四．人間の原点

人は人生の目標を定めて、目標に向かって努力する目標達成型と、今の事に専念して運を徐々に開く展開型とあります。人間は目標がないと生きていけないといいますが、それはどう言うことなのか理解が出来ませんでした。ところが、ある笑い学会の支部セミナーに参加して、その理由がうすうす判ったような気がしたのです。

講師は産婦人科のお医者さんでした。大変「おやじギャグ」を飛ばすユニークな先生でした。

スライドを見せて説明をしてくれました。「人間の原点はこれだと思う、共に勉強しましょう」。私が「先生、これは精子ですか？」「よく判った、スライドだ、止まっているから静止（精子）です」。私は思わず「先生、ザブトン二枚差し上げます」。先生はスライドを指差しながら、説明を始めました。「これは子宮の中で発射された精子です。御覧なさい、見事だ、精子の全部が泳ぐ方向が同じです。何故だか判りますか。これはね、卵子という目的が、全ての精子にわかっているからなのですよ。ではもう一枚のスライドをお見せしましょう。どうですか、全部バラバラに泳いでいるでしょう」「先生、前の精子と違って、この精子はバラバラの方向に泳いでいますけど」「そうなんです、これはね、キミ（私を指差し）が、密かにひとりで外で漏らした時の精子なのです。外で出した時はこうなるのです。どこにも卵子と言う目的がないから、全ての精子が路頭に迷っているではないか」

原点からして人間は目的をしっかり持っていないと生きていけないと言われたのです。

「では、もう一度、前のスライドを見てみましょう。この先頭を泳いでいる精子が一匹いますが、この精子が卵子と合体するでしょうか」目立ちたがり屋の私はすぐに答えました「先生、そうでしょう、一番先に到着した精子が卵子と合体するのではないですか」「キミ、それが大きな間違いでね、この先頭を泳いでいる精子は死んでいくのです」「先生、これ死ぬのですか？」「ハイ、何故かといえば、卵子には薄い膜が有るのです。先頭を泳いでいる精子、つまり、速く泳げる精子というのは、別な言い方をしたらエリートです。このエリート精子はね、全てその卵子の薄い膜にぶち当たり絶滅して、何百、何千、何億という精子がその卵子の薄い膜を突っついて、また、突っついて、後から、ゆっくり、のほほ～んと泳いできた精子がガバッと合体するのである」と先生は申されました。

「人間にはエリートなんていないのです、このエリート達は初期の段階で絶滅をしているのです。人間はあいつがバカだとか、俺の方が偉いとか、そんな次元ではない。人間は全て落ちこぼれである」と言われました。そして、参加者の私たちを指差して、「あんたも、あんたも、あんたも」と言いながら、最後に、また、私を指差して「あんたこそ」と強調するように言ったのです。

「基からして、縁としか捉えようがない。如何に生きたかではない。出会い、縁から何を学んだかで人生が全部変わってくる。縁を大事にしましょう。特に日本円（縁）なのです」と括《くく》られました。

私はあの時から、多くの精子の中をゆっくり泳いでいる夢を見ることが多く、生きるのが楽になりました。

五．感謝療法の提唱

臨床心理士としても、長年、行政や学生、一般市民のカウンセリング面接に関わってきました。

その中で、クライエント（援助を必要とする人）の多くが、面接初期では周囲が加害者ばかりで、親が悪い、上司が悪い、友人が悪いという自己防衛心が強い。カウンセラーはひたすら共感的に聴くことに一貫しますが、やがて、気づき自己成長のステップでは感謝の言葉や受け止め方ができるようになるのです。不幸とは幸せを知っている証拠で、感謝の対極にある当然（当たり前）に気づき、考え方（認知の仕方）の変化が見られるようになります。

今まで、当然（当たり前）と思って無関心でいたことが、実は突然、当然（当たり前）でなくなったとしたら、最悪の苦（不幸）であることに気づき、全て自分ひとりで生きているのでなく、支えられて生かされていることに気づき始め、感謝の気持ちで受け止められるようになると自立していくのです。学生に「父親のいいところ・好きな点二〇項目」を課題に出すと、特に大抵の女子学生は「何もない」と答えます。そこで、一週間でとにかく、二〇個書いてくることを強要する。

ある時、最初は、父親のいいところなんか何もないと言っていた女学生から、涙声で私の携帯に電話がありました。聞いたら、二〇項目書くためには、今、目の前の父親だけでなく、自分が小さい時からの思い出を広げたら、次々と「雨の時、駅まで迎えに来てくれたお父さん」「出張で、買って来てくれた嬉しいお土産」など等が思い出され「先生、私は最近、父親から話し掛けられても、無視して、ロクに喋ってない自分に気づき、父親に申し訳なく思いました。先生の常日頃、当たり前（当然）に気づき感謝する気持ちになりました」と。許せない気持ちが自分を括《くく》り、悩みを増幅しているのです。

感謝を意識できたら悩みは消えます。自分の外を責めている間は、悩みから開放されません。毎回繰り返し自分の境遇を憂い、惨めな話をして責任転嫁をしている内は状況は好転しません。人生は振り子運動と同じで、ピンチはチャンスと悟り、試練は呼びかけと受け止めて必然の法則に従うことです。感情の主人公は自分ですから、幸せは自分の中にあることをエクササイズを通じて実践することです。人の良い面を探すエキササイズは、結果として、自分の良い面を見つめることにつながります。人のためは自分のため、偽りは人の為と書くが結局は自分の為なのです。

体の健康の目安は当然（当り前）の状態です。膝が痛んで初めて膝の存在に気づき、頭痛がして頭の存在に気づくように、普段はどこも意識しないのが当り前です。当然の裏の不幸や悩みは当然に気づかせ感謝することを教えるシグナルです。

心の健康はこの当然に気づき感謝する感性が一番ベストです。

私達は当然（当たり前）を無視して感謝を忘れていますが、大病を患ったり災難に出会った一部の人たちは、普通の生活がどれ程有難く幸せであるかを痛感できるのです。

今、もし失ったら悲しくなるものを想像してみて下さい。困ること、心配なこと、辛いこと、淋しいことのイメージから解放された瞬間に幸せになる。幸せとは獲得するのでなく感じるものです。感謝感性を高め、今、いかに自分が恵まれているかに意識を向ける必要があります。

私の提唱する感謝療法は表情（笑顔）―感情（気持ち）―表現（感謝）を軸にしたエクササイズを取り入れた手法で、日常の生活リズムに溶け込み、手軽に実行できます。頭で判っても、状況に即応できない技法や理論は逆に悩みの種です。口癖、表情、姿勢、呼吸を変えることで、空理空論でない従来の生活思考回路を修正し、悩み脱出の実践的な手法の基本に「笑い」の効果があるのです。

第十二章　人生は思い出

一．付き合いやすい人とは

他人にとって、自分は付き合いやすい人かどうか、考えてみて下さい。

あなたが付き合いやすい人は、どんな特徴がありますか。多分、次のような面をもっていませんか。

これが自分にない場合は、あなたはとっつき難い人になっていると考えなくてはなりません。

①見栄をはらない人

自分の弱みを出さない人は、無理に自分を防衛しています。人を笑わすコツの一つに、自分の失敗談を淡々と言えることです。それを聞いて、この為に他人は卑下しないどころか、そんな人のほうが打ち解けやすく親近感を抱きやすいものです。

人の言葉に過剰反応したり、相手をビクビクさせるような雰囲気は極力避けるべきです。

②表情が豊かな人

人間はこころのゆとりが表情に表れます。人との会話でも表情豊かなペース合わせ（同調）をする人は、ゆとりと配慮を感じます。無遠慮に嫌な表情を出すのは身勝手なわがまま行為で、付き合いにくい人です。

③笑い飛ばすの得意な人

相手の失敗やグチでも、深刻に取ったり追い詰めたりしないで、上手にスマートに笑い飛ばしてくれる鷹揚《おうよう》さが励ましや慰めになり、救われる気持ちから、この特徴のある人は近づきたい人になります。

④手厳しくない人

人のことを手厳しく批判したり、悪口や陰口を言う人は嫌われます。

同じ注意の仕方でも、ユーモアが加味されると効果バツグンです。

鹿児島に行った折、ある町の標識で「スピード出すな、美人が多い町」とありました。ところが、隣町の標識は「キョロキョロするな、美人はいない」とあって、つい恥ずかしくなりました。微笑ましい標識でした。

「空き缶をすてるな！」という標識より「捨てるなんて！　口づけした仲じゃない」の方が効果的です。ものは言い様で、受け止め方には感情の落差があるのです。

表情研究のシュロスバーグや表情判断比較調査のエクマンらの研究では、人の悪口、陰口を言って攻撃している時の顔は左右不対称で、唇の歪みなどから醜い顔に変化するようです。

人間は心の中の感情は表情に具現するので、喜んでいる時の顔に反して、怒っている時の顔や他人の悪口を言っている時の顔が一番醜いそうです。悪口や陰口を言う人を相手にしていると、その悪意が伝染してきて、こちらまで疲れてしまいます。立場が違えば、何時こちらが悪口の対象になるかも知れないと不安を抱かせる人とは付き合いたくないものです。

⑤肯定的に物事を明るく捉える人

人の話を肯定的に聞いてくれる人は好かれます。

いちいち、否定的に取られる人に、しんみりと話は出来ません。

この世の一番のストレス源は人間関係にあります。人間関係では一緒にいて楽しい人は身体にも良く、反対に、一緒にいて疲れる人は身体にも良くありません。疲れさせる人は上のようなことが欠如しているのです。対人援助の関係で福祉の世界では３Ｒ（Relax：リラックス、Repeat：リピート、Routin Work：ルティーン）が言われますが、人に構えさせないリラックスな雰囲気で、聞かれたら面倒がらないでリピート（繰り返す）する根気と、ルティーン（日課やプログラム）の工夫、創意で相手のペースに合わせた関わり合いが強調されます。

「ご趣味は？」と聞かれて「同じ事を前に聞きましたね」とたしなめる人もいますが、関心があるのですから、聞かれたら、何度でも趣味の話をしてあげたら良いのです。

それが出来ない人は、気持ちがリラックスしてないためにリピート（繰り返し）することが出来ないのです。

何を話しても肯定的に反応してくれる人には、嬉しい気分が増幅されます。

そのような人は警戒心が外れて、近づきたくなるものです。

「人に好感を与えること」は、実は「Protocal：プロトコール」と云われる国際儀礼の中で、重要な要素です。つまりプロトコールは「コミュニケーションにおける世界共通のルール」なのです。その根底には「一期一会」の「思いやりのこころ」があります。

多くの人に支え合いながら生きていることに感謝する思いやりの心が大切です。プロトコールとは、その気持ちを表わす自己表現方法でもあります。中でも、表情は気持ちを映し出す大切な手段です。自分の魅力を発見して、表情美人になって、自他とも気持ちのよい人付き合いのできるコミュニケーションの達人を目指してください。

二．人間の悩み

人間は何故悩むのか？　一緒に考えてみましょう。このテーマにズバリ答えている人がいます。それは松下幸之助先生が人生の師と仰いだ中村天風先生が本に書いておられます。

「人間なぜ悩むか。簡単です。欲があるから悩むのである」と仰っています。いい家に住みたい、大金持ちになりたい、高級車が欲しい、人の評価を受けてみたい等です。思えば、初恋でもそうです。自分が好きである様に、相手にも自分を好きになって欲しいと思う欲が働く故に悩みに陥る訳です。悩みたくなければ、その欲を放棄して、「僕はキミが大好きだ。でも、キミは僕を好きにならなくても結構よ」と割り切れば、悩まなくていい訳です。

相手に何とかして愛して欲しいと欲が働くから、悩みになるのです。早い話が借金でも同じです。返そう返そうと思っているから悩むのです。その欲を捨てて、返さなくてもいいのだと割り切れば、あれほど楽しい事はない訳です。人間はこの欲を無くしたら、スッキリするものです。

スッキリし過ぎて生きていけなくなるそうです。なぜならば生きようとすること自体が欲であるからです。

ですから、欲は人間である以上は無くする事は無理なのです。

人間の三欲を思い出して下さい。食欲、性欲、海水欲（?）です。暑くなれば泳ぎたくなり、腹が空いたら食べたくなるのです。ただ、人間の欲は自分が知ってる範囲内であるそうです。

食べ物にしても知ってる範囲のものが好まれて食べられますが、食べたこともないものは欲しいという気がしません。でも、大宇宙の広さに比較したら、人間の知ってる範囲は微々たるものです。

何故、この小さな範囲にこだわって悩むのか。考えてみると、人生は一度きりですから、明るい考えを持って生きた方がいいのです。その点、笑いは健康状態を良くするだけでなく、友達も増え、商売も繁盛して、どんな悩みからも解放される手段なのです。

笑う材料がなくても笑う。これを繰り返すうちに笑いが悩みの薬になるのです。

何（理屈）より笑う（行為）ことが大切なのです。

笑うこともあれば笑わないこともあるのではなく、笑わないことがあるから笑えないのです。

悩んだら、輝いていた頃の自分をイメージして、自分の持っている力を笑顔でイメージして確認する事です。ロンドン大学の調査では「人は健康だから幸せなのではなく、幸せだから健康である」と神経内分泌系理論から結論づけています。

三．笑いが必要な時

利口な人は、プラスの人生を歩くために、ピンチになっても、意識的に笑うことを選択するのです。

①疲れでガックリした時

②大事な決断をするイザという時

③心身が疲れた時

④カッとして頭に血が昇り始めた時
⑤強い不安に襲われた時
⑥自信を喪失しそうになった時
⑦アイディアや企画、創造性を高める時

等に、意識して作り笑いを声を出して、出来れば動作を加えて笑い飛ばすのです。

笑い声と共に、気になっている事があれば「たかが～」法で「たかがスピーチ」などと笑い声のメカニズムと発声効果を高める動作と一緒に行い、全脳を刺激して笑いの神経回路にスイッチＯＮすると、ピンチに強い自分に変身するのです。


所詮、心配しても仕方ありません。つまり「心配な事を心配するな」です。

「心が心像をつくる」という様に、悩みを心配する程に事態は皮肉にも悪化する場合が多い。

人間が落ち込んだ感情はネガティブ（否定的）な感情で、人間が元気で明るい感情が、ポジティブ（肯定的）な感情、つまり愉快な感情です。

落ち込んだ感情の時、笑うことで、元気で明るい感情を呼び覚ますのです。

人間は生まれながらにして笑う能力があり、心身の健康を維持するための基本的能力なのです。ところが、笑いを抑制する教育が笑いを育むことをしなかったのです。

縦社会は笑いを抑制して、横社会は笑いを歓迎する構図が、落語の原点です。

室町時代の禅僧の一休さんは遺言を残し、「大徳寺の再建で大問題が起きたら、その時に開封して見なさい。その解決法が書いてある」と言い残して逝去されました。案の定、寺に大問題が起きたので、一休さんの遺言を開封してみたら、たった一言だけ「なるようになる、心配するな」と書いてあったそうです。人生はそんなものです。自分の今までの人生を振り返って見て下さい。

大変と思っていた事も、今思えば何とかなって、その時のことはすっかり忘れて元気で生きているではないですか。人生は楽しむために「制限ルール」を設けて、退屈させないように難題を通して精神的な成長を加速できる神芝居なのです。

四．老後の過ごし方

誰にも等しく与えられた一日二四時間、一年で三六五日は同じです。一般的な定年退職である六〇歳から八〇歳までの二〇年間は一日二四時間の自由時間でカウントすると一七万五千二〇〇時間です。これは二〇歳から六〇歳まで休みを除いて、一日一〇時間働いた時間に匹敵するのです。

現役時代の十万時間はすでに経過しても、六〇歳からの一〇万時間が待っています。この自由に使える時間は四二五〇日で一一・六年に相当する膨大な時間です。これが一〇〇歳時代を迎えると、倍の二三・二年にもなるのです。

現役時代と違い、定年後の二〇万時間の多くは自分の思いでデザインが出来るのです。この夢のような貴重な時間を、どのようにデザインするか。個人の貴重な課題です。実に今後の不確実な時代を迎えて、第二の人生を如何に送るか、一層の自助努力、自己責任が求められているのです。

プレゼントという言葉には二つの意味があるのです。一つは贈り物ですが、もう一つの大事な意味は「今、ここに生きている」という神からのプレゼントを意味します。

確かなのは、「今、ここに生きている」という現実です。この今を如何に感謝の気持ちを持って生きるかが大切だと思います。

今日という日は、自分の人生で今日一日だけです。だから、今日はニコニコしようと思い、今を生き生き生きる。一度きりの人生を精一杯生きようと思いを改めて下さい。

ある人が「ハイ、今、生きるのが精一杯」と云われましたがその精一杯ではないのです。

この老後を思いっきり、豊かに生きている方々は沢山います。その方々はやはり生き方に共通した特徴があります。考え方が前向きで、思考の転換が上手いので楽天家です。

好奇心が強く、頑固でマイペースですから、無理に他人に合わせて自分の生活のリズムを乱す事はしません。付き合いで結構と言ったら酌を受けません。私などは、「今日はこの程度で」と思っていても、誰かが、「先生、もう一杯」などと勧めてくると、返した盃を再び差し出すクセがあります。

　高齢者の生き方理論として、二つの相反する理論がありますが、どちらを選択するか個人の価値観です。活動理論は活動する事によって、ボケない。活動量の面から見ると、高齢者は中年期の延長であろうとする捉え方で、若い者に負けるな主義の頑張り思考です。一方の離脱理論は老後は若者に道を譲り、引退は自然の成り行きで、のんびりと老後を送ろうとする捉え方です。

　この考え方の様に両論に分かれるものではなく、要素要素の分別によって、自分に適した過去の生活経験を生かした生き方が必要と思います。

　五〇歳代以降の男性に申し上げます。五〇歳以上の方は何に興味や関心を示すかというアンケートがあります。五〇歳以上の女性の方の関心はカルチャー（文化）だそうです。ダンスやミュージックです。子育ても終え、経済的に少しのゆとりが出来てくると、美術やクラシックつまりカルチャーに関心を示します。一方、五〇歳以上の男性は何に関心を示すかといえば、健康だそうです。

「もっと、丈夫になりたい」これは野蛮人の発想なのです。かたや、カルチャー文化人です。

　文化人と野蛮人が同じ屋根の下で暮らして、うまくいったためしはないのですから、五〇歳以上の男性は、これを胆に銘じて文化人に従い、何時も感謝、感謝の気持ちでこれからは女房と目が合ったら拝みましょう。拝む時、小声で何か判らないようにつぶやくと効果的です。物をハッキリ言うからケンカが絶えないのです。

女房も、気持ち悪くなって、手荒い虐待をしなくなります。これが男性の老後を生きる生活の知恵なんです。老後を生き生きと生きている方は沢山みえるのです。

静岡でこの道十年のウインドサーファーのAさん（八四歳）、大阪の八四歳のダイバーのHさんは一〇年間のご主人の看病を終え、七五歳からダイビングで泳ぎを始めたといいます。

ダラス大学に八十四歳で入学した竹内英夫さんが、英会話に挑戦したのは定年後六十四歳の手習いでした。その後、英検、通訳、国連公用語英検と挑戦して、西日本英語弁論大会で優勝し、ご褒美として一年間の留学が許されました。長期滞在を心配する家族を尻目に、「私にとって最初の冒険です」と留学を決断しました。「物事をとことん追及するのが健康と若さを保つ秘訣である」といい、高齢社会の先駆者たる資格が充分なのです。

また、浮世絵師の歌川豊国さんが近畿大学法学部法律学科二部に入学したのは九十六歳の時。将来の抱負を聞けば「大学院に進み、法学博士を取得したい」でした。

このような前向きな活気のある方に出会うと此方が元気がもらえるから不思議です。

高齢者同志の富士登山の「喜楽会」は七〇歳以上で、横綱はなんと百二歳と聞きました。

九〇歳のおばちゃんの誕生パーティに参加した女学生が言っていました。「おばちゃん、来年もお元気でお会いしたいですね」と云ったら、「あら、あんた、若いのに何か病気でもあるの？」と逆に心配されたそうです。我々にもその気構えが欲しいものです。

私の近所の八五歳のおじいちゃんが、風邪をこじらせ入院しました。それを聞いた向いの九十六歳のおじいちゃんが「最近の若い者は弱いね」と嘆いたそうです。自分の年を忘れた発想が上手く年を取る秘訣なのかもしれません。

五．人生は思い出

人生の絶対的な幸せは生きていることが楽しいことで、物に支配された相対的な幸せではありません。幸せとは心の笑いであり、喜びは魂の笑いなのです。

笑いを健全に活用すれば、身体的・感情的・精神的な不安に対する心理的かつ精神的免疫性が得られます。

笑いは祈りの一形式で、笑っているうちに、清らかな自分と出会うのです。

笑ったり、愉快に生きるためには、少しばかり不断の意識的な訓練を必要とする技術です。

小学校の運動会で、お年より参加の玉入れ種目が必ずありますが、どれだけ楽しい思い出が自分の人生にあるかで、人生の豊かさが違います。

主に高齢者に活用する回想法という心理療法があります。過ぎし過去の経験や楽しい思い出を振り返ることで、現在の自分を意味づける方法で、痴呆老人を対象に施設で活用されています。

不思議と痴呆老人になっても、楽しい思い出しか思い出せないのです。

辛い、苦しい思いは抑圧されてしまったか、楽しさに変色されて表現され、楽しそうに話してくれます。痴呆も考え方によっては、死の恐怖から守ってくれる神のプレゼントが痴呆であると思えば恐くありません。楽しい思い出は、自分で作らないと、じっと待っていても何時までもやって来ないのです。

感謝は「少欲知足」でゆとりを持つと長生きします。

「今日、一日、この笑顔を絶やさない」と、辛くてももっとニコヤカにすることが大切です。

寝る前に「楽しかった事、嬉しかった事」を日記に書いて感謝して寝る。

朝起きたら、鏡に向って、ニッコリ笑って、約束する。嫌な事でも上手に身をかわして生きていく。

人生には三つの条件を揃う時期を待っていては何も出来ません。

それは、経済（金)、体力（健康)、時間（ひま）の三つです。

若いときは、時間と体力には恵まれているが、肝心の金にゆとりがありません。

また、中年になると、金や体力にゆとりがあっても、働き盛りで会社の時間に管理され期待されて、自分の時間がありません。

老後を迎えると、金や時間があっても、体力の自信がなく不安になってしまいます。

だから、三つが揃うチャンスを待っていては、事を仕損ずるといわれます。

現在の立場を生かしきり「継続は力」で明日に向う充実した人生が、良い思い出を残す事になるのです。自分と同じ、人相、声紋、指紋はこの世に誰一人いない、かけがえのない大切な自分。日常生活で「喜び探し」をして、喜ぶという習慣を身に付けて、嬉しがり屋になることで、人生を楽しく生きられるのです。

自分が動き、感謝し、呼び寄せる人生で、ナンバーワンになるよりもオンリーワンの人生を歩み、最後に「ハイ、さようなら」の人生で幕を閉じたいものです。（合笑）

〈おわりに〉

本格的な高齢社会を迎えて、依然として、経済不況から脱出を果たせないまま、人々は元気を取り戻せないでいます。

多様な人間関係に起因するストレスから身を守るには、潤滑剤としての笑いの視点を持つことです。笑い上手は生き方上手です。ストレスや不景気を笑い飛ばす対処法を身に付けることが二十一世紀を逞しく生き抜く国際人としての条件です。

「子育ての長～いトンネルを抜けると、そこは白髪だった」と詠んだ先輩がいましたが、洗濯機の衣類のように、多忙に追われてわき目も振らず生活している場合が大半です。他の力に引きずり回され、周りの価値観に左右され、他人の評価を気にして、ゆとりを失っているのです。

時に社会の回転から離れ、「止まって観る」心のゆとりが必要です。

そこから、ユーモアセンスが磨かれ、生きることが快適になってきます。

自分の人生のパートナーは自分自身であることを忘れない事です。
そして、ユーモアつきあい術を磨くには、ユーモア志向の同志と巡り合うことも必要です。
最後にサラリーマン川柳でお別れします。

「さからわず、いつもニコニコ、したがわず」

平成二十年二月一日

著者プロフィール

橋元　慶男（はしもと　けいお）

岐阜聖徳学園大学教育学部教授。
ＴＴ（サンクスセラピー）研究会主宰。
三重大学教育学部客員教授、愛知産業大学教授（学生相談室長）を経て２００５年度より現職。
臨床心理士、精神保健福祉士、社会福祉士、日本笑い学会理事（みえ支部長）を務め、三重県産業保健推進センター特別相談員をはじめカウンセリング・講演等を通じた社会活動にも精力的に取組む。

２００７年、「笑い」と「感謝」を核にした健康増進をめざし「ＴＴ研究会」を発足。
趣味は落語で高座名は「寺子屋志笑」。

笑いの効用
—人生をおもしろく健康にするユーモアつきあい術

2023年6月30日発行

著　者　橋元慶男
発行者　向田翔一

発行所　株式会社22世紀アート
〒103-0007
東京都中央区日本橋浜町3-23-1-5F
電話　03-5941-9774
Email: info@22art.net　ホームページ：www.22art.net

発売元　株式会社日興企画
〒104-0032
東京都中央区八丁堀4-11-10 第2SSビル 6F
電話　03-6262-8127
Email: support@nikko-kikaku.com
ホームページ：https://nikko-kikaku.com/

印刷
製本　株式会社PUBFUN

ISBN：978-4-88877-216-7